handball-uebungen.de
Trainingseinheiten und Übungen für Ihr Training!

Vorwort

Handball lebt von schnellen und richtig getroffenen Entscheidungen in jeder Spielsituation. Dies kann im Training spielerisch und abwechslungsreich durch handballnahe Spiele trainiert werden. Die vorliegenden 60 Übungsformen sind in sieben Kategorien unterteilt und schulen die Spielfähigkeit.

Das Buch beinhaltet die folgenden Kategorien:
- Parteiball-Varianten
- Mannschaftsspiele auf verschiedene Ziele
- Fangspiele
- Sprint- und Staffelspiele
- Wurf- und Balltransportspiele
- Sportartübergreifende Spiele
- Komplexe Spielformen für das Abschlussspiel

I0220759

Die Spiele sind leicht verständlich durch Text und Übungsbild erklärt und können in jedes Training direkt integriert werden. Durch verschiedene Schwierigkeitsstufen, zusätzliche Hinweise und Variationsmöglichkeiten können sie für jede Altersstufe und Gruppengröße angepasst gestaltet werden.

Beispielgrafik:

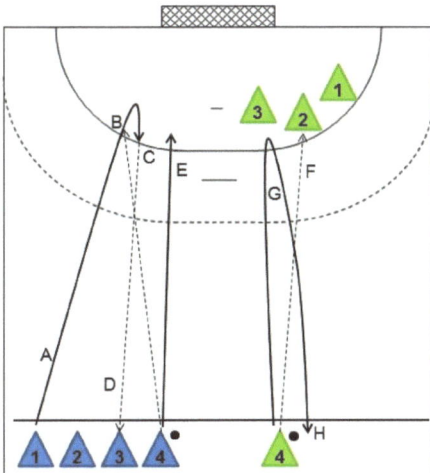

1. Auflage (18.09.2015)
Verlag: DV Concept
Autoren: Jörg Madinger, Elke Lackner
ISBN: 978-3-95641-162-5

Inhalt:

Anmerkung des Autors

Weitere Fachbücher des Verlags DV Concept

Legende:

Übungsnummer   Übungsname   Min. Spieleranzahl

Nr. 1	Parteiball Grundversion plus Variation	6	★
Benötigt:	1 Ball, 4 Hütchen, ein der Spieleranzahl angepasstes Spielfeld		

✘   Hütchen

Schwierigkeitsgrad
Einfach: ★
Mittel: ★★
Schwer: ★★★

dünne Turnmatte

Weichbodenmatte

Ballkiste

kleine Turnkiste

großer Turnkasten

kleine umgedrehte Turnkiste

Turnreifen, Eimer

Medizinball, Softball, Tennisball, Fußball

Turnbank

Handball-Pyramide

Würfel

Koordinationsleiter

Barren

Basketballkorb

Kategorie: Parteiball-Varianten

Nr. 1	Parteiball-Grundversion plus Variation	6	★
Benötigt:	1 Ball, 4 Hütchen, ein der Spieleranzahl angepasstes Spielfeld		

Aufbau:
- Ein geeignetes Feld mit den Hütchen markieren (abhängig von Spieleranzahl und Leistungsstärke).
- Zwei Mannschaften bilden.

Ablauf (Bild 1):
- Die ballhaltende Mannschaft versucht, eine gewisse Anzahl von Pässen (5/10) zu spielen, ohne dass die abwehrende Mannschaft den Ball berührt (A).
- Wird die geforderte Anzahl erreicht, bekommt die Mannschaft einen Punkt und der Ball wechselt zur anderen Mannschaft.
- Die Mannschaft, die am Ende weniger Punkte erreicht hat, macht eine vorher festgelegte Aufgabe (z. B. 2 Steigerungsläufe o. ä.).

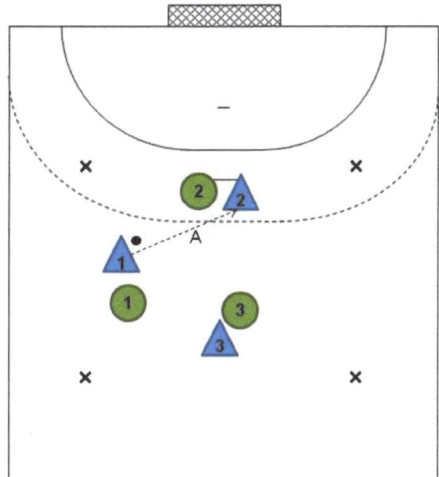

Bild 1

Variante (Bild 2):
- Ein Punkt ist nur erzielt, wenn der Spieler (hier ▲1), der einen Pass (A) zum Mitspieler (●2) gespielt hat, den Ball mit dem nächsten Pass wieder zurückbekommt (C) – Rückpass.
- ▲1 muss sich dafür direkt nach Ballabgabe wieder freilaufen (B).
- Ein Pass (D) zu einem anderen Mitspieler (▲3) ist ebenfalls erlaubt, wird aber nicht gewertet.

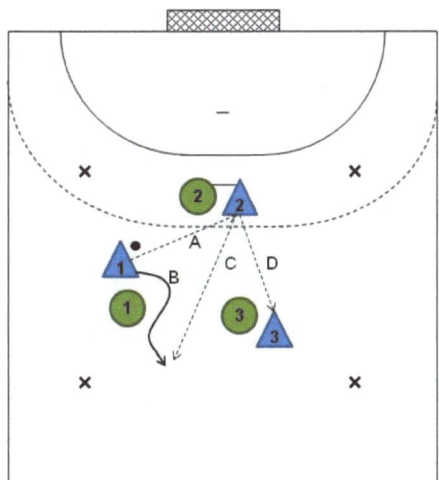

Bild 2

Nr. 2	Parteiball mit Zusatz-Laufaufgaben	6	★
Benötigt:	1 Ball, 4 Hütchen, ein der Spieleranzahl angepasstes Spielfeld		

Aufbau:
- Ein geeignetes Feld mit den Hütchen markieren (abhängig von Spieleranzahl und Leistungsstärke).
- Zwei Mannschaften bilden.

Ablauf 1 (Bild 1) (6-8 Spieler):
- Die Mannschaften spielen Parteiball im Feld (siehe Übung Nr. 1).
- Nach jedem Pass (A) muss erst ein Hütchen umlaufen werden (B), bevor der Spieler wieder angespielt werden darf.
- Wenn die ballführende Mannschaft es schafft, 10 Pässe zu spielen, ohne dass der Ball von der anderen Mannschaft berührt wird, muss die Abwehr z. B. 10 schnelle Hampelmannbewegungen machen.
- Ohne Prellen.

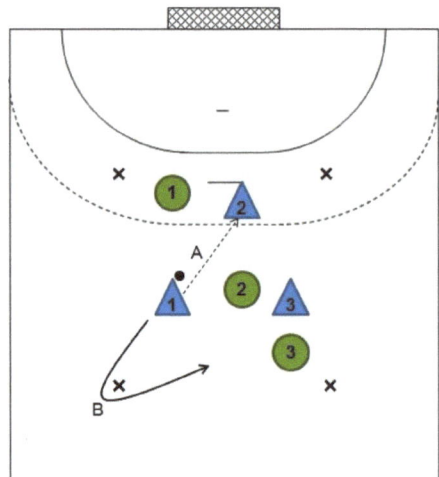

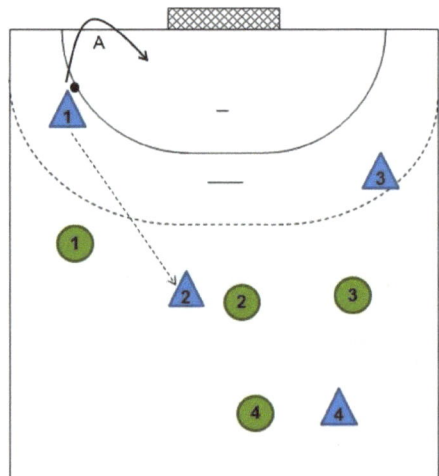

Bild 1

Ablauf 2 (Bild 2) (ab 8 Spieler):
- Es wird auf der kompletten Hallenhälfte gespielt.
- Nach jedem Pass muss zuerst das Feld verlassen (A) bevor er erneut angespielt werden darf.
- Wenn die ballführende Mannschaft es schafft, 10 Pässe zu spielen, ohne dass der Ball von der anderen Mannschaft berührt wird, muss die Abwehr z. B. 10 schnelle Hampelmannbewegungen machen.
- Ohne Prellen.

Bild 2

Zusatzaufgaben für die Spieler, die das Feld nach dem Pass verlassen haben, bevor dieses wieder betreten und der Spieler erneut angespielt werden darf (auszuführen außerhalb des Feldes):
- z. B. 5 Liegestützen, 1 Purzelbaum auf einer Matte, 5 Strecksprünge.

| Nr. 3 | Parteiball mit Spielverlagerung 1 | 8 | ★ |

| Benötigt: | 1 Ball, 4 Hütchen, ein der Spieleranzahl angepasstes Spielfeld |

Aufbau:
- Das Spielfeld wird mit Hütchen in vier Teilfelder (I bis IV) unterteilt.
- Zwei Mannschaften bilden.

Ablauf:
- Die beiden Mannschaften spielen Parteiball gegeneinander.
- Der ballführende Spieler muss vor seinem Pass erst prellend das eigene Teilfeld verlassen (A und B), bevor er abspielen darf.

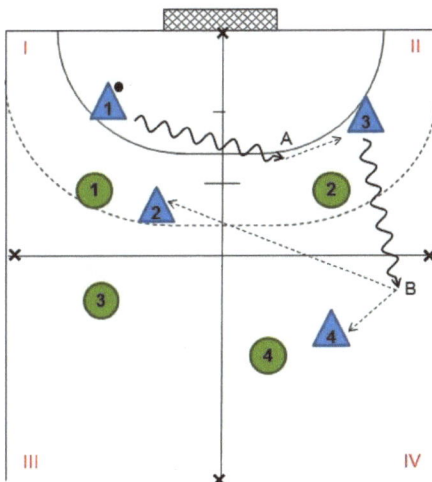

Aufgabe/Ziel:
- Die Angreifer versuchen, 10 Pässe zu spielen. Schaffen sie es,
müssen die Verteidiger eine vorher definierte Aufgabe erfüllen.

Variationen:
- kein Rückpass erlaubt (bei größeren Gruppen).
- Sprungwurfpass.
- Pass mit der falschen Hand.

Nr. 4	Parteiball mit Matten	8	★
Benötigt:	Bei 4gegen4 werden 6 Matten benötigt (2 Matten mehr als Spieler je Mannschaft), 1 Ball, ½ Handballfeld oder vergleichbare Fläche		

Aufbau:
- Mehrere Turnmatten im Feld auslegen.
- Zwei Mannschaften bilden.

Ablauf:
- Die Mannschaften spielen Parteiball gegeneinander.
- Ein Punkt wird erzielt, wenn ein auf der Matte stehender Mitspieler angespielt (A) wird.
- Berührt ein Gegenspieler die Matte (B), zählt der Punkt nicht und es wird weiter gespielt.
- Es darf geprellt werden.

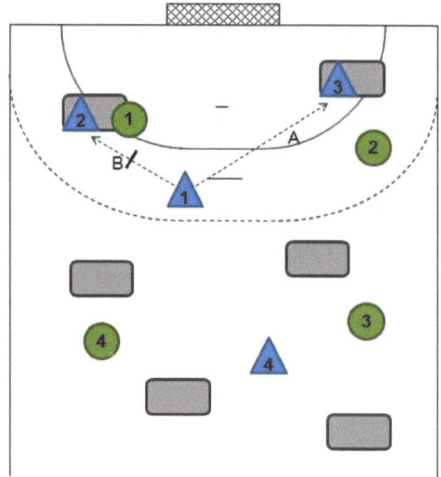

Aufgabe/Ziel:
- Die Angreifer versuchen, 10 Punkte zu erzielen. Schaffen sie es, müssen die Verteidiger eine vorher definierte Aufgabe erfüllen.
- Ein Pass von Matte zu Matte ist nicht zulässig, es muss immer zuerst die Matte verlassen oder ein Pass zu einem Spieler außerhalb der Matten gespielt werden.

Variationen:
- Ohne Prellen
- Kein Rückpass erlaubt
- Sprungwurfpass
- Pass mit der falschen Hand

Nr. 5	Reifen-Parteiball	8	★
Benötigt:	1 Ball, 2 Reifen mehr, als sich Spieler in einer Mannschaft befinden, ein der Spieleranzahl angepasstes Spielfeld		

Aufbau:
- Zwei Mannschaften bilden.
- Reifen im Feld auslegen (zwei Reifen mehr als Spieler pro Mannschaft).

Ablauf:
- Zwei Mannschaften spielen Parteiball im Feld.
- Ein Punkt wird erzielt, wenn ein Spieler bei der Ballannahme mit einem Fuß in einem Reifen steht (A).
- Wenn ein Gegenspieler mit seinem Fuß ebenfalls im Reifen steht, zählt der Punkt nicht (B).

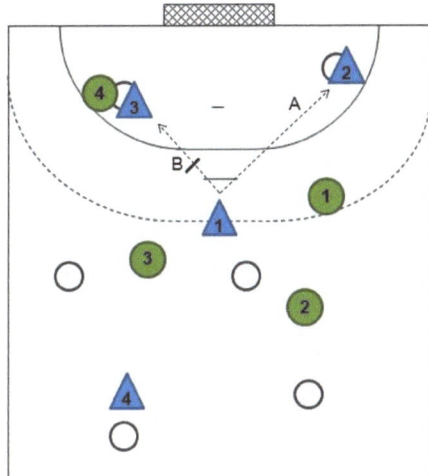

Variationen:
- Der Spieler muss nicht nur im Reifen stehen, sondern auch den Ball einmal in den Reifen prellen.

⚠ Den Abstand der Reifen nicht zu groß wählen, dadurch entsteht ein schnelleres Spiel.

⚠ Man benötigt mindestens ein bis zwei Reifen mehr als Spieler in einer Mannschaft sind, da die Abwehr sonst alle Reifen blockieren kann.

Nr. 6	Parteiball mit Kisten	8	⭐
Benötigt:	1-2 Kisten mehr als die Spieleranzahl der einzelnen Mannschaft beträgt (im Beispiel: 4 Spieler und 5 Kisten), 1 Ball, ein der Spieleranzahl angepasstes Spielfeld		

Aufbau:

- Zwei Mannschaften bilden.
- Kleine Turnkisten (min. eine mehr als Spieler pro Mannschaft) im Feld aufstellen.

Ablauf:

- Die Mannschaften spielen Parteiball im Feld.
- Ein Punkt wird erzielt, wenn ein Spieler stehend auf einer der Kisten angespielt wird.

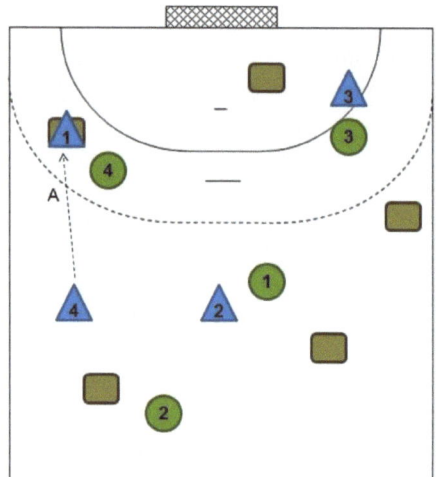

⚠️ Ein Spieler darf nicht länger als drei Sekunden auf einer Kiste stehen bleiben.

Aufgabe/Ziel:

- Die Angreifer versuchen, 10 Punkte zu erzielen. Schaffen sie es, müssen die Verteidiger z. B. 10 Liegestützen machen.

Variationen:

- Ohne Prellen
- Sprungwurfpass
- Mit dem auf der Kiste stehenden Spieler muss ein Doppelpass gespielt werden (der Rückpass muss zum abspielenden Spieler zurückgespielt werden). Dies erhöht die Anforderung an den Spieler, der den Rückpass bekommt. Er muss sich nach dem Pass sofort wieder freilaufen, um den Ball bekommen zu können. Das Spiel wird deutlich schneller!

⚠️ Schnelles Umschalten, wenn ein auf der Kiste stehender Spieler nicht angespielt werden kann.

⚠️ Bevor man den Ball gespielt bekommt, muss man schon die Weiterspielmöglichkeiten erkannt haben → Vorausschauendes Spielen.

Nr. 7	Parteiball auf 4 Ziele	8	★
Benötigt:	1 Ball, 4 Hütchen, 2 kleine Kisten, ein der Spieleranzahl angepasstes Spielfeld		

Aufbau:
- Zwei Hütchentore und zwei kleine Turnkisten umgedreht in den Ecken des Feldes aufstellen.
- Zwei Mannschaften bilden.

Ablauf:
- Die beiden Mannschaften spielen Parteiball gegeneinander und versuchen durch die folgenden Aktionen, Punkte zu erzielen.

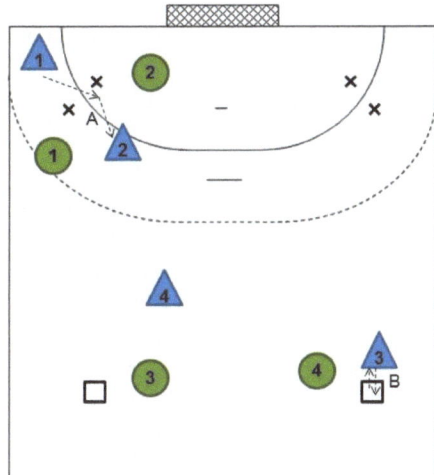

Entweder:
- ▲ spielt einen Bodenpass so durch das Hütchentor, dass der Ball von einem Mitspieler gefangen werden kann (A).

Oder:
- ▲ spielt den Ball so in die Kiste, dass er ihn wieder fangen kann (B).

Jede Mannschaft verteidigt je ein Hütchentor und eine Kiste.

Aufgabe/Ziel:
- Die Angreifer versuchen, 10 Punkte zu erzielen. Schaffen sie es, müssen die Verteidiger eine vorher definierte Aufgabe erfüllen.
- Schnelles Umschalten, wenn ein Ziel durch die Gegenspieler abgedeckt ist.

Variationen:
- Prellen zulassen.
- Kein Rückpass erlaubt (bei größeren Gruppen).
- Sprungwurfpass.
- Pass mit der falschen Hand.
- Keine Zuordnung der Ziele, Punkte können überall erzielt werden.
- Ein Punkt kann nur erzielt werden, wenn beide „Ziele" (Hütchen und Kiste) nacheinander getroffen werden.

Nr. 8	Power-Parteiball	8	★
Benötigt:	8 Hütchen, zwei der Spieleranzahl angepasste Spielfelder		

Aufbau:
- Zwei gleich große Felder mit Hütchen markieren.
- Zwei Mannschaften bilden.

Ablauf:
- Zwei Mannschaften spielen im begrenzten Raum (**Feld 1**) Parteiball nach folgenden Vorgaben gegeneinander:
  - Jeder Spieler (1, 2, 3 und 4) muss den Ball einmal gehabt haben und es müssen dabei z. B. min. sechs Ballkontakte stattgefunden haben (A).
  - Danach muss der Ball im gegenüberliegenden Feld (2) hinter der Hütchenlinie abgelegt werden (B).
  - Jetzt wechselt der Ballbesitz. 1, 2, 3 und 4 absolvieren die gleiche Aufgabe in **Feld 2**, mit dem Ziel, den Ball hinter der Hütchenlinie von **Feld 1** abzulegen.
  - Schafft es eine Mannschaft, den Ball abzufangen, beginnt für sie der Ablauf in dem Feld, in dem sie den Ball gewonnen hat.

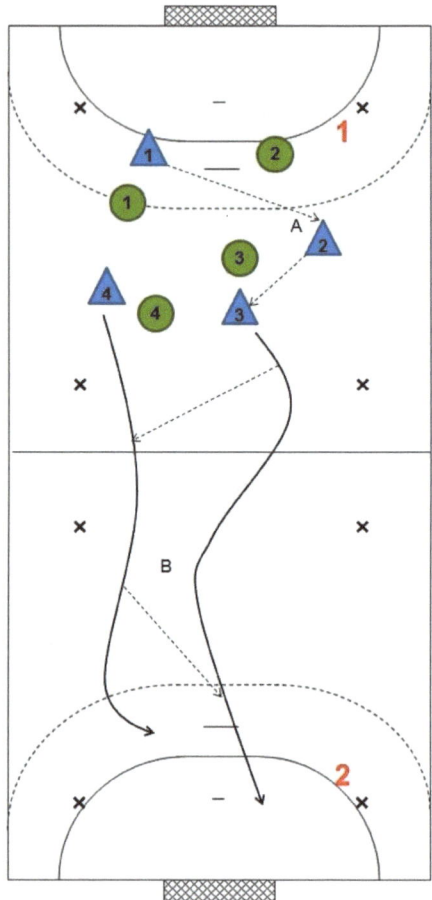

Variation:
- Prellen erlauben.

⚠ Durch das schnelle Umschalten entsteht eine hohe Dynamik.

⚠ Alle Spieler müssen mit hoher Geschwindigkeit laufen, damit das Ziel (Ball ablegen/Ball gewinnen) erreicht werden kann.

Nr. 9	Parteiball auf die vier Seitenauslinien	12	★★
Benötigt:	1 Ball, ½ Spielfeld		

Aufbau:
- 4 Mannschaften mit mind. 3 Spielern bilden.

Ablauf:
- Die Mannschaften spielen Parteiball gegeneinander.
- Punkte werden erzielt, indem eine Mannschaft auf eine Auslinie spielt und den Ball dahinter ablegt (A).
- Welche Mannschaft auf welche Auslinie spielt, wird während des Spielens herausgefunden. Wer zuerst hinter einer noch freien Linie den Ball ablegt, dem „gehört" diese Linie für die Dauer des Spiels.
- Die Mannschaft, die den Ball abgelegt hat, muss den Ball für die anderen Mannschaften sofort liegenlassen und freigeben.
- Ein Spieler einer anderen Mannschaft kann nun den Ball aufnehmen und mit seiner Mannschaft auf seine eigene Linie spielen.
- Prellen ist erlaubt.

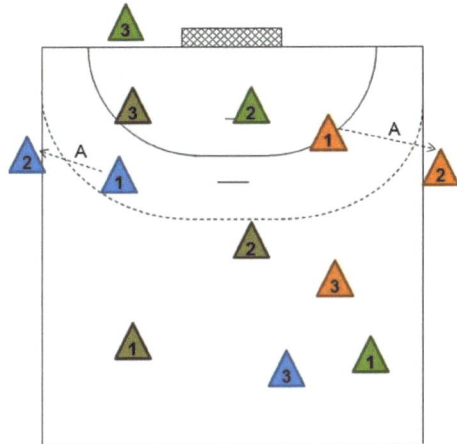

Aufgabe/Ziel:
- Schnelles Umschalten und Holen des Balls, um mit der eigenen Mannschaft wieder zum Erfolg zu kommen. Ständige Aufgabenveränderung.

Variationen:
- Sprungwurfpass
- Pass mit der falschen Hand

Nr. 10	Parteiball mit Folgeaktion	10	★★
Benötigt:	8 Hütchen, 1 Ball		

Aufbau:

- Mehrere Hütchentore aufstellen.
- Die Seitenauslinien werden mit den Nummern 1–4 benannt.
- Zwei Mannschaften bilden.

Ablauf:

- Die Mannschaften spielen gegeneinander.
- Die Mannschaft in Ballbesitz versucht, durch Laufen und geschicktes Passen (A), zunächst 5 Mal (7 Mal) den Ball im Aufsetzer durch ein Hütchentor zu einem Mitspieler zu passen (B oder D).
- Dazwischen muss immer das Hütchentor gewechselt werden (C). Es darf nicht zweimal hintereinander durch dasselbe Hütchentor gepasst werden.
- Die Pässe durch die Hütchentore werden von der angreifenden Mannschaft laut mitgezählt.
- Sobald zum fünften (siebten) Mal durch ein Tor gepasst wurde, ruft der Trainer laut eine Zahl zwischen 1 und 4 (E).
- Die angreifende Mannschaft versucht nun, den Ball hinter der genannten Linie abzulegen (F).
- Gelingt der komplette Ablauf (fünfmal Pass durch ein Hütchentor + Ablegen des Balls hinter der richtigen Linie), bekommt die Mannschaft einen Punkt.
- Die andere Mannschaft sichert den Ball und versucht nun ihrerseits, einen Punkt zu erzielen.
- Wechselt der Ballbesitz, werden die Hütchentore immer von vorne gezählt, beginnend mit 1.

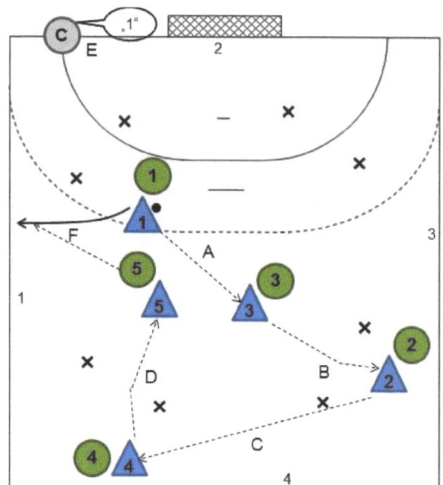

⚠ Die Spieler sollen schnell umschalten und direkt nach dem Punkt das nächste Hütchentor anlaufen. Nach dem fünften Hütchentor soll sofort in Richtung der genannten Linie gestartet werden.

⚠ Nach Ablage des Balls hinter der Linie, soll die andere Mannschaft sofort den Ball sichern und mit dem Spiel auf die Hütchentore beginnen.

Nr. 11	Parteiball mit zwei unterschiedlichen Aufgabenstellungen	12	★★
Benötigt:	8 dünne Turnmatten, 4 Hütchen, 1 Ball		

Aufbau:
-   Mit Hütchen ein Feld abgrenzen und kleine Turnmatten außerhalb des Feldes auslegen.
-   Zwei Mannschaften bilden.

Ablauf:
-   Die beiden Mannschaften spielen innerhalb der Hütchen (Feld) Parteiball ohne Prellen. Gelingt es einer Mannschaft, 8 Pässe in Folge zu spielen, ohne dass die andere Mannschaft den Ball herausfangen kann, beginnt der zweite Teil des Spiels.
-   Die Angreifer versuchen nun, einen auf einer Matte stehenden Mitspieler anzuspielen (C). Gelingt dies, bekommt die Mannschaft einen Punkt und behält den Ball. Für den nächsten Punkt muss aber eine andere Matte angespielt werden.
-   Befindet sich ein gegnerischer Spieler beim Pass ebenfalls auf der Matte, zählt der Punkt nicht (A).
-   Es wird so lange weitergespielt, bis der Ball verloren geht. Die dabei erzielten Punkte (Ball auf der Matte gefangen) werden sich gemerkt.
-   Welche Mannschaft schafft es, die meisten Punkte (gefangene Bälle auf der Matte) zu erzielen?

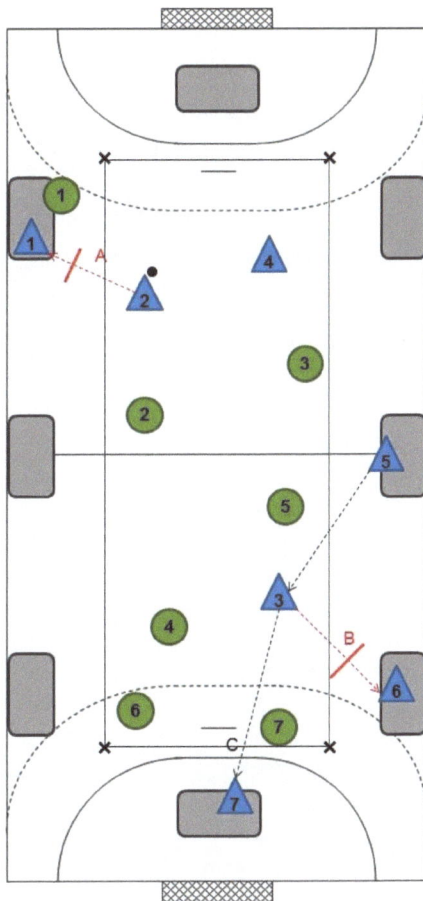

Variationen:
-   Es dürfen sich immer nur max. 3 Spieler einer Mannschaft im äußeren Spielfeld aufhalten (bei den Matten).
-   Nach einem Punkt dürfen neben derselben Matte auch die direkten Nachbarmatten nicht für den nächsten Punkt angespielt werden (B).

Nr. 12	Parteiball mit Folgeaufgabe	16	★★
Benötigt:	2 Basketballkörbe, 3 Hütchen, 1 Ball, Pfeife		

Aufbau:

- Die obere Spielfeldhälfte wird mit Hütchen in zwei Spielfelder unterteilt.
- Zwei Mannschaften bilden.
- Die beiden Mannschaften werden jeweils halbiert und spielen auf einem Hallenviertel gegen-einander (▲1 , ▲2 , ▲3 und ▲4 spielen gegen ●1 , ●2 , ●3 und ●4 in einem Viertel und ▲5 , ▲6 , ▲7 und ▲8 gegen ●5 , ●6 , ●7 und ●8 im anderen Viertel).

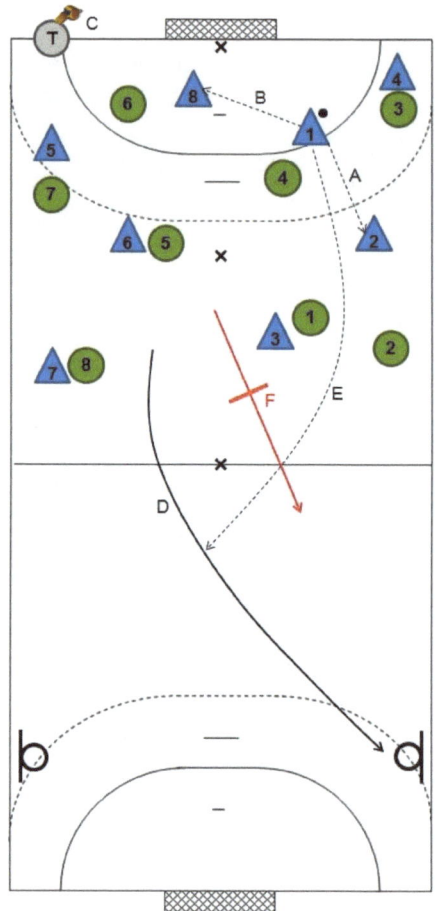

Ablauf:

- Die Mannschaften spielen Parteiball ohne Prellen gegeneinander (A).
- Gestartet wird im 4gegen4 in einem Hallenviertel.
- Die Spieler der beiden Mannschaften dürfen jeweils ihr Hallenviertel nicht verlassen. Der Ball darf allerdings das Viertel wechseln (B), danach wird in dem anderen Viertel weitergespielt.
- Die ballführende Mannschaft versucht, den Ball 8 Mal ohne Unterbrechung in den eigenen Reihen zu passen.
- (T) hat die Möglichkeit, zwischen dem 5. und 7. Ballkontakt zu pfeifen (C). Das ist das Signal, dass sofort die Folgeaktion gestartet wird. Pfeift (T) nicht, wird automatisch nach dem 8. erfolgreichen Pass die Folgeaktion gestartet.

Folgeaktion:

- Die vier Spieler, die zum Zeitpunkt des 8. erfolgreichen Passes im anderen Viertel sind (in dem der Ball nicht ist), starten sofort (D), bekommen den Ball gespielt (E) und versuchen, auf dem diagonalen Basketballkorb einen Treffer zu erzielen. Gelingt es ihnen, bekommen Sie einen Punkt. Sie müssen dabei alle um das Hütchen auf der Mittellinie laufen, es darf nicht quer durch das andere Feld gelaufen werden (F).
- Kann die abwehrende Mannschaft den Ball abfangen, startet der Ablauf von vorne: ① - ⑧ versuchen, die 8 Pässe zu spielen und dürfen danach versuchen, den Korb zu treffen.

Nr. 13	Parteiball mit Spielfeldwechsel	8	★★
Benötigt:	8 Hütchen, 3 verschiedene Bälle (Medizinball, Handball, Softball,...)		

Aufbau:

- Drei Spielfelder mit Hütchen markieren und zwei Mannschaften bilden.
- Spielgeräte für die einzelnen Spielfelder unterschiedlich wählen, z. B. normaler Handball, Medizinball, Frisbee-Scheibe, Softball, Tennisball,…
- Die Spielgeräte müssen nach der Spielaktion jeweils im zugewiesenem Spielfeld bleiben.

Ablauf:

- Die beiden Mannschaften spielen innerhalb der einzelnen Spielfelder jeweils Parteiball mit dem für das Spielfeld zugewiesenen Spielgerät, ohne dabei zu prellen.
- Die ballbesitzende Mannschaft versucht, das Spielgerät achtmal zu passen (ohne sofortigen Rückpass zum vorherigen Passgeber).
- Kann die andere Mannschaft das Spielgerät abfangen, darf sie sofort selbst versuchen, die acht Pässe zu spielen.

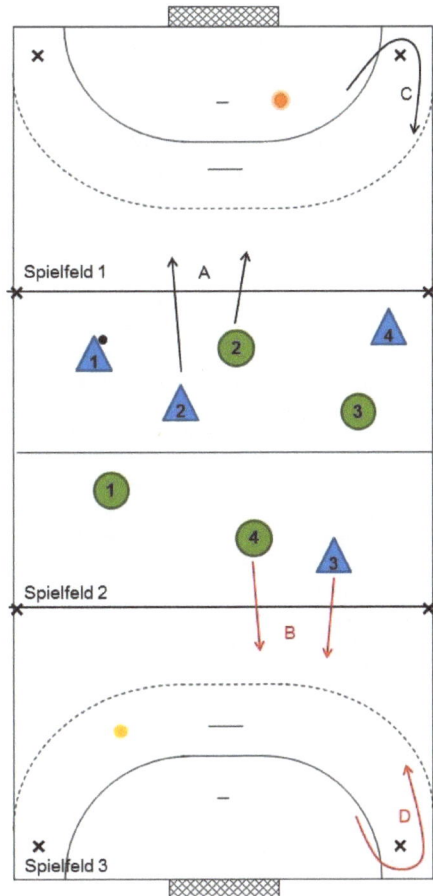

- Gelingt es einer Mannschaft, die acht Pässe zu spielen, bekommt sie einen Punkt und legt das Spielgerät sofort auf den Boden.
- Jetzt pfeift der Trainer ein- oder zweimal, dies ist das Zeichen für beide Mannschaften, in welchem Spielfeld es weitergeht.

Spielfeldwechsel nach Pfiff:
- Ein Pfiff: Das aktuelle Spielfeld wird immer nach oben verlassen (A).
- Zwei Pfiffe: Das aktuelle Spielfeld wird immer nach unten verlassen (B).
- Die Mannschaft, die zuerst den Ball sichert, darf sofort wieder versuchen, 8 Pässe zu spielen.

Beispiele:
- Spielende in Spielfeld 1:
    o Ein Pfiff, es geht weiter in Spielfeld 3. Alle Spieler müssen aber zuerst um eines der beiden Hütchen sprinten und dürfen dann erst in Spielfeld 3 laufen (C).
    o Zwei Pfiffe, es geht weiter in Spielfeld 2.
- Spielende in Spielfeld 2:
    o Ein Pfiff, es geht weiter in Spielfeld 1.
    o Zwei Pfiffe, es geht weiter in Spielfeld 3.
- Spielende in Spielfeld 3:
    o Ein Pfiff, es geht weiter in Spielfeld 2.
    o Zwei Pfiffe, es geht weiter in Spielfeld 3. Alle Spieler müssen aber zuerst um eines der beiden Hütchen sprinten und dürfen dann erst in Spielfeld 1 laufen (D).

⚠ Dauert das Spiel innerhalb eines Spielfeldes zu lange, weil der Ballbesitz ständig zwischen den beiden Mannschaften wechselt, pfeift der Trainer irgendwann zwischendurch. Die Spieler sollen sich ständig auf neue Gegebenheiten einstellen.

Nr. 14	Parteiball mit Konter	9	★★
Benötigt:	1 Ball		

Ablauf:

- Es werden zwei Mannschaften gebildet, die Parteiball im 9-Meter-Raum spielen.
- Dabei versucht die angreifende Mannschaft, 10 Pässe in Folge zu spielen, ohne dass die Abwehr an den Ball kommt.
- Fängt die Abwehr den Ball heraus, wechseln die Aufgaben.
- Der Torwart spielt immer im Angriff und kann von beiden Mannschaften angespielt werden.
- Schaffen die Angreifer 10 Pässe nacheinander, spielen sie den Ball zum Torwart (A) und starten in den Konter.
- Der Torwart leitet den Konter durch einen Pass zu einem der Angreifer ein (B).
- Der Angriff erzielt einen Punkt, wenn er es schafft, den Ball im gegenüberliegenden 6-Meter-Raum abzulegen (C).
- Die Abwehrspieler dürfen den Pass zum Torwart nicht verhindern. Sie gehen in die Konterabwehr und versuchen, das Ablegen des Balles im gegenüberliegenden 6-Meter-Raum zu verhindern.
- Danach startet der Ablauf auf der anderen Seite.

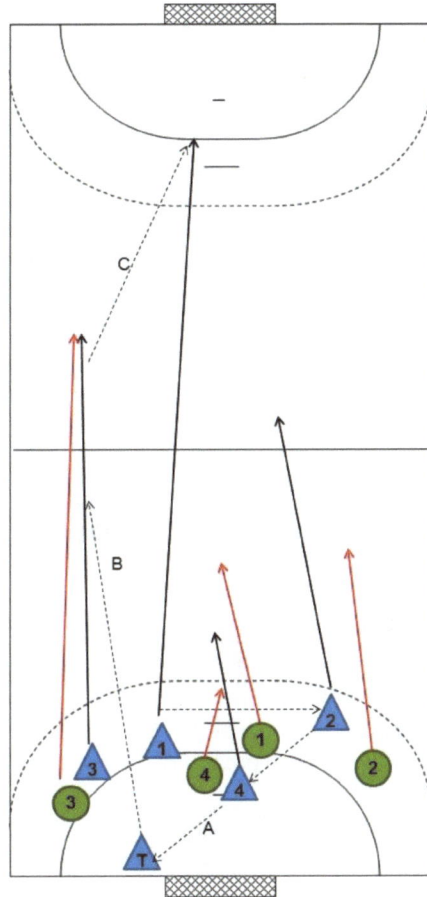

Variationen:

- Zusatzaufgaben im Konter, z. B. wird nur dann ein Punkt erzielt, wenn ein Spieler den Ball sitzend im 6-Meter-Raum fängt (bzw. wenn ein Spieler den Ball sitzend im 6-Meter-Raum fängt und zu einem Mitspieler zurückpasst).

Nr. 15	Hütchentor-Parteiball mit Mannschaftsaufgabe	8	★★
Benötigt:	8 Hütchen, Leibchen mit Tape-Buchstaben, 2 Langbänke, 1 Ball		

Vorbereitung:
- Für jede Mannschaft Leibchen vorbereiten, auf denen jeweils vorne und hinten mit Tape je ein unterschiedlicher Buchstabe aufgeklebt ist (siehe Liste unten).

Aufbau:
- Hütchentore im Feld aufstellen.
- Auf zwei Seiten des Feldes je eine Langbank aufstellen und jede Bank einem Team zuordnen.

Ablauf:
- Die Teams spielen zunächst im Feld, wobei die Mannschaft in Ballbesitz versucht, einen Spieler so anzuspielen (A), dass er im Bodenpass zu einem Mitspieler passen kann (B). Dies ergibt einen Punkt.
- Gelingt ein Pass durch ein Hütchentor, kann die Mannschaft sofort weiterspielen (C), allerdings muss der nächste Punkt an einem anderen Hütchentor gemacht werden.
- Die Abwehr versucht, den Ball abzufangen und dann selbst Punkte zu erzielen.
- Auf Pfiff des Trainers (nach ca. 2 Minuten), sprinten beide Teams zu ihrer Bank (D) und stellen sich auf die Bank.

Bild 1

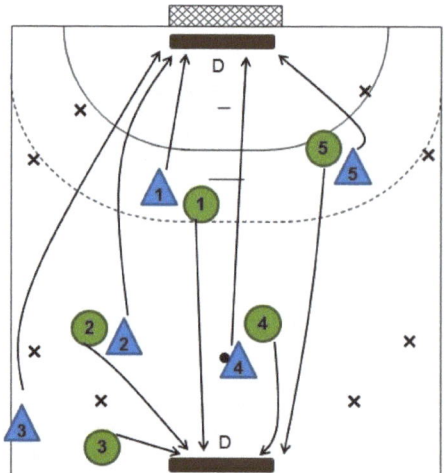
Bild 2

- Der Trainer nennt dann ein Wort, das die Spieler versuchen, so schnell wie möglich mit den auf den Leibchen aufgeklebten Buchstaben zu bilden (vom Trainer aus lesbar), und zwar ohne dass ein Spieler die Bank verlässt (die Spieler müssen sich aneinander vorbei helfen).
- Das Team, das das Wort zuerst bildet, erhält dafür 5 Punkte.
- Danach wird wieder auf die Hütchentore gespielt (der Ballbesitz wechselt).
- Welche Mannschaft erzielt mehr Punkte?

Bsp. 1: Mögliche Buchstabenkombinationen:

- **4 Spieler** je Team (vorne/hinten): S/R, A/M, L/U, H/T
  Worte: Stau, Hals, Last, Turm, Haus
- **5 Spieler** je Team: zusätzlich: C/S
  Worte: Sturm, Lachs, Schau, Rauch, Lasch
- **6 Spieler** je Team: zusätzlich L/E
  Worte: Schall, Schlau, Muster, Auster, Laster

Bsp. 2: Mögliche Buchstabenkombinationen:

- **4 Spieler** je Team (vorne/hinten): B/T,U/A,C/T,H/S
  Worte: Buch, Bach, Tuch, Satt, Bast
- **5 Spieler** je Team: zusätzlich: E/U
  Worte: Taste, Buche, Bauch, Staub, Beast
- **6 Spieler** je Team: zusätzlich E/N
  Worte: Statue, Tasten, Buchen, Staebe, Bueste

Nr. 16	Parteiball mit Spielverlagerung 2	8	★ ★
Benötigt:	Ein der Spieleranzahl angepasstes Spielfeld, das in vier gleich große Teilfelder unterteilt wird (z. B. mit Hütchen), 1 Ball		

Aufbau:

- Das Spielfeld mit Hütchen in vier Teilfelder (I bis IV) unterteilen.
- Zwei Mannschaften bilden.

Ablauf:

- Die Mannschaften spielen Parteiball gegeneinander.
- Der Mitspieler, der angespielt werden soll, darf sich nicht im selben Teilfeld wie der Passgeber befinden, sondern muss in einem der drei anderen Teilfelder stehen.
- Ohne Prellen.

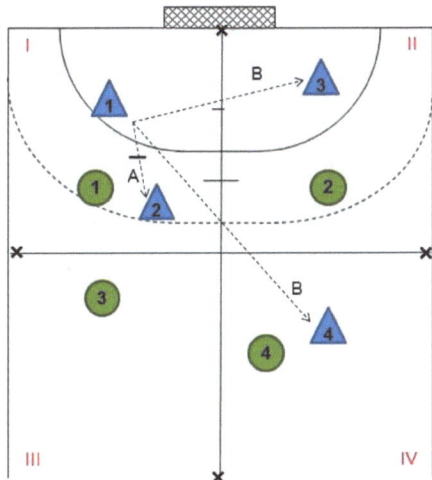

Erlaubter Pass: (B)
Nicht erlaubter Pass: (A)

Aufgabe/Ziel:

- Die Angreifer versuchen, 10 Pässe zu spielen. Schaffen sie es, müssen die Verteidiger eine vorher definierte Aufgabe erfüllen.

Variationen:

- Kein Rückpass erlaubt (bei größeren Gruppen).
- Sprungwurfpass.
- Pass mit der falschen Hand.

Mannschaftsspiele auf verschiedene Ziele

Nr. 17	Eimer-Ball	8	⭐
Benötigt:	2 Eimer, 2 kleine Turnmatten, ein Ball		

Aufbau:

- Zwei Mannschaften bilden.
- Je eine Matte auf den zwei Seiten des Spielfeldes ausgelegen, ein Spieler der Mannschaft, die in Richtung dieser Matte angreift, steht auf der Matte mit einem Eimer in der Hand.

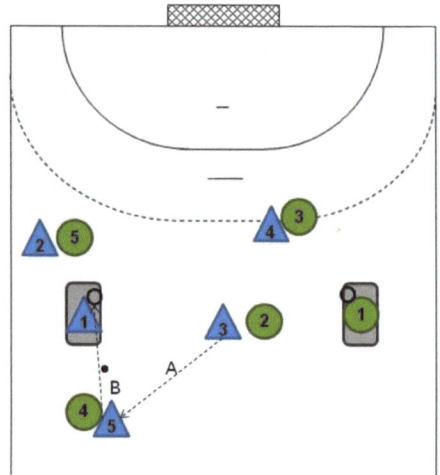

Ablauf:

- Die angreifende Mannschaft versucht durch schnelle Pässe (A), einen Punkt zu erzielen, indem der Ball in den Eimer geworfen wird (B). Der Spieler auf der Matte kann dabei helfen, indem er den Ball mit dem Eimer fängt. Er darf sich nur auf der Matte bewegen.
- Andere Spieler (Abwehr und Angriff) dürfen die Matte nicht betreten.
- Die abwehrende Mannschaft versucht, den Wurf auf die Matte zu verhindern.
- Nach jedem Punkt wechselt der Ballbesitz und der Spieler auf der Matte wird getauscht.

Variationen:

- Ohne Prellen
- Das Spiel eignet sich auch für alternative Spielgeräte (Kirschkernsäckchen oder kleine Jonglierbälle).
- Anstatt eines Eimers hat der Spieler auf der Matte einen Reifen in der Hand, durch den der Ball zur einem Mitspieler gepasst werden muss.

Nr. 18	Pyramidenball	6	★
Benötigt:	1 Handballpyramide, 1 Ball		

Aufbau:

- Einen Wurfkreis markieren oder bestehende Linien verwenden.
- Eine Handball-Pyramide innerhalb des Kreises aufstellen (alternativ kann ein großer Turnkasten verwendet werden).

Ablauf:

- Zwei Mannschaften spielen gegeneinander.
- Die Mannschaft in Ballbesitz versucht, durch schnelle Pässe (A und C) und geschicktes Laufen (B), einen Spieler in eine Position zu bringen, aus der er auf die
Pyramide werfen kann (D).
- Jeder Treffer der Pyramide ergibt für die Mannschaft einen Punkt.
- Der von der Pyramide abprallende Ball (E) darf von beiden Mannschaften erlaufen werden (F). Die Mannschaft, die den Ball fängt, ist im Angriff und versucht, weitere Punkte zu erzielen. Kann die werfende Mannschaft den Ball wieder fangen, erhält sie einen Zusatzpunkt.
- Welches Team erzielt mehr Punkte?

Nr. 19	Pass zum Spieler hinter der Linie	10	★
Benötigt:	4 Hütchen, 1 Ball		

Aufbau:
- Zwei vorhandene Linien als Ziellinien mit Hütchen markieren.
- Zwei Mannschaften bilden.

Ablauf:
- Zwei Mannschaften spielen gegeneinander.
- Die Mannschaft in Ballbesitz versucht, durch schnelle Pässe (A, B) und geschicktes Laufen (C) einen Spieler so anzuspielen (D), dass er den Ball hinter der der Mannschaft zugeordneten Ziellinie ablegen kann (E). Dies ergibt einen Punkt.
- Es wird dabei ohne Prellen gespielt.
- Nach dem Ablegen sichert die andere Mannschaft sofort den Ball und greift in Richtung der anderen Linie an.
- Welche Mannschaft erzielt mehr Punkte?

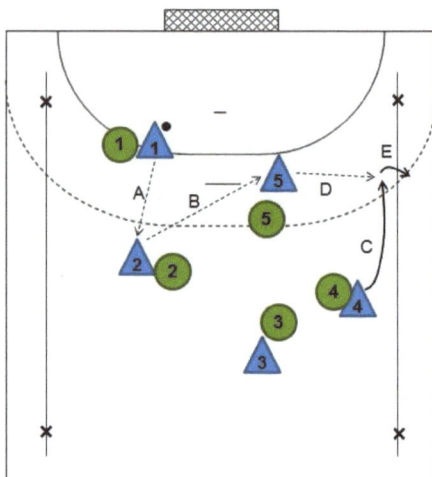

⚠ Die Spieler sollen sich geschickt an der Linie freilaufen, damit sie den Ball direkt nach dem Fangen ablegen können.

⚠ Der Ball muss vor der Linie gefangen werden, der Spieler darf beim Fangen nicht schon hinter der Linie stehen.

Nr. 20	Kempa-Handball mit Weichbodenmatte	8	★
Benötigt:	2 Weichbodenmatten, 1 Ball		

Aufbau:
- Je eine Weichbodenmatte auf beiden Seiten des Spielfeldes auslegen.
- Zwei Mannschaften bilden; jede Mannschaft verteidigt eine Weichbodenmatte.

Ablauf:
- Die Mannschaften versuchen durch schnelle Pässe (A) und geschicktes Laufen, einen Spieler so anzuspielen (B), dass er den Ball beim Sprung auf die Matte fangen kann (C).
- Wenn der Spieler den Ball in der Luft fängt und anschließend auf der Matte landet, bekommt die Mannschaft einen Punkt.
- Eine Mannschaft darf mehrmals hintereinander versuchen, Punkte zu erzielen. Fängt ein Spieler den Ball nicht beim Sprung auf die Matte oder landet er schon auf der Matte, bevor er den Ball gefangen hat, darf die Mannschaft weiterspielen und es noch einmal versuchen.
- Bei einem Punktgewinn wechselt der Ballbesitz und die andere Mannschaft startet mit dem Angriff auf die andere Matte.

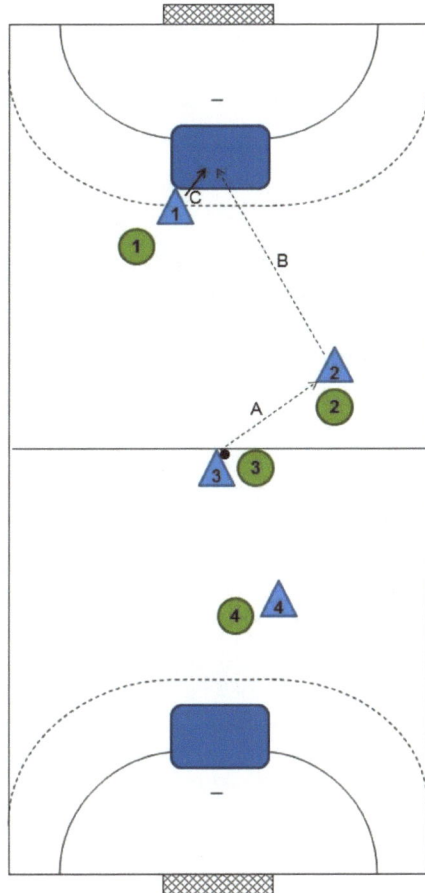

⚠ Die Spieler dürfen rund um die Matte agieren, also auch hinter die Matte laufen und von dort auf die Matte springen.

Nr. 21	**Spiel auf 3 Turnkästen**	8	⭐
Benötigt:	3 große Turnkästen, 1 Ball		

Aufbau:

- Drei große Turnkästen werden aufgestellt und den Mannschaften als „Tore" zugeordnet.
- 🔺1, 🔺2, 🔺3 und 🔺4 greifen „B" an und verteidigen „C".
- 🟢1, 🟢2, 🟢3 und 🟢4 greifen „C" an und verteidigen „B".
- Kasten „A" gilt für beide Mannschaften als Ziel.
- Trefferfläche (Tor) am Kasten ist jeweils nur die Außenseite/Rückseite.
- Es wird nach Handballregeln gespielt.

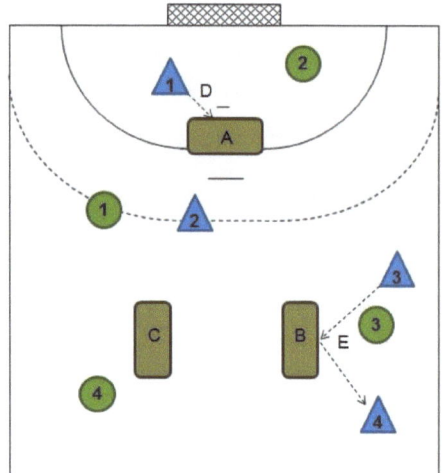

Ablauf:

- Ein Punkt wird erzielt, wenn es der ballbesitzenden Mannschaft gelingt, den Ball an die Trefferfläche zu werfen (D). Derselbe Spieler darf den Ball danach aber nicht erneut aufnehmen.
- Gelingt es einem Mitspieler, den Ball nach dem Wurf auf den Kasten zu fangen (E), bleibt die Mannschaft in Ballbesitz und kann weiter versuchen, Punkte zu erzielen.

Variation:

- Alle drei Turnkästen dürfen als Ziel angespielt werden.
- Der gerade angespielte Turnkasten darf nicht unmittelbar danach wieder angespielt werden. Es muss zuerst versucht werden, einen anderen Kasten anzuspielen.

Nr. 22	Berühr-Ball mit Weichbodenmatte	8	★★
Benötigt:	2 Weichbodenmatten, 1 Ball		

Aufbau:
- Je eine Weichbodenmatte auf beiden Seiten des Spielfeldes auslegen.
- Zwei Mannschaften bilden.

Ablauf:
- Die Mannschaften versuchen jeweils, den Ball auf der gegnerischen Weichbodenmatte abzulegen.
- Wird der ballführende Angreifer ▲3 von einem Abwehrspieler 5 berührt, darf er den Ball nur noch nach hinten passen. Bei einem Pass nach vorne wechselt der Ballbesitz.

⚠ Die Abwehrspieler sollen sofort auf den ballführenden Spieler zulaufen und versuchen, diesen zu berühren.

⚠ Die Angreifer sollen, noch bevor sie den Ball bekommen, analysieren, wo sich die nächstmöglichen anspielbaren Mitspieler befinden, damit der Ball sofort gespielt werden kann.

⚠ In einer kleinen Gruppe Prellen untersagen, dies erhöht deutlich die Spielgeschwindigkeit, da die Mitspieler sich permanent freilaufen müssen.

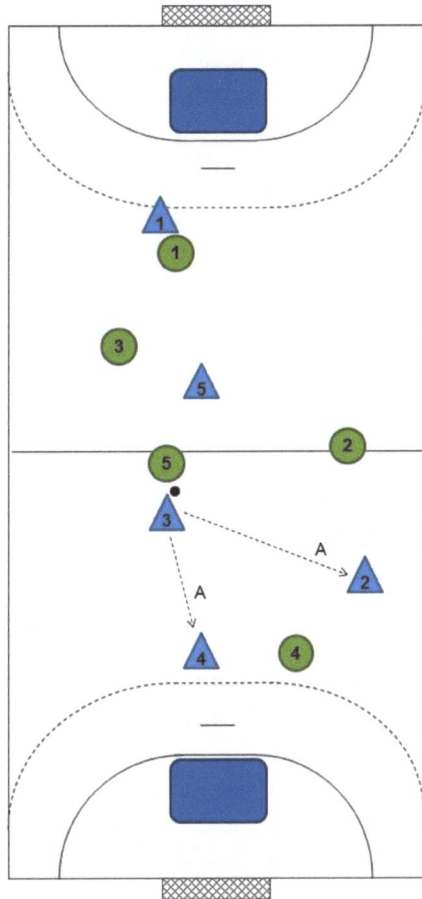

Nr. 23	Diagonal-Parteiball in 4 Teams	10	★★
Benötigt:	4 kleine Turnmatten, 1 Ball		

Aufbau:
- Vier kleine Turnmatten in die Ecken eines Spielfeldes legen.
- 2 Mannschaften bilden, wobei jede Mannschaft noch einmal zwei Teams bildet (im Beispiel: ein 2er- und ein 3er-Team bei 5 Spielern je Mannschaft).

Gesamtablauf:
- Die beiden 3er-Teams spielen gegeneinander auf zwei diagonale Matten, die 2er-Teams spielen ebenfalls gegeneinander auf die anderen beiden diagonalen Matten.
- Am Ende werden die Punkte beider Teams der jeweiligen Mannschaften zusammengezählt.
- Welche Mannschaft erzielt mehr Punkte?

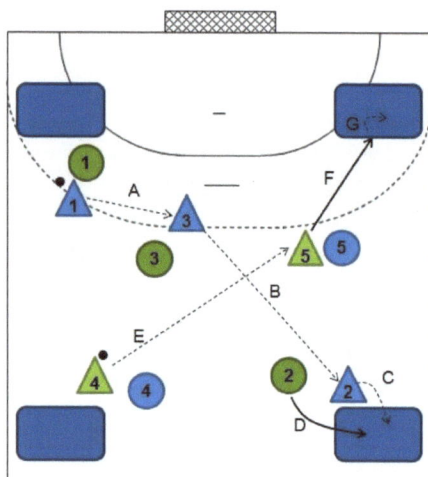

Ablauf:
- Das Team in Ballbesitz versucht durch schnelles Passen (A, B und E), einen Spieler so anzuspielen, dass er den Ball auf der Matte des gegnerischen Teams ablegen kann (C und G). Dies gibt für das Team einen Punkt.
- Sofort nach dem Ablegen sichert sich das bisher abwehrende Team den Ball (D) und startet den Gegenangriff auf die Matte des gegnerischen Teams.
- Beim Spiel 2gegen2 ist auch Prellen erlaubt (F).

⚠ Da die beiden Spiele 3gegen3 und 2gegen2 parallel diagonal ablaufen, muss in den einzelnen Aktionen auf den Gegenverkehr geachtet werden. Die Spieler müssen auf das eigene Ziel spielen und dabei immer auch die diagonal laufenden Teams beachten.

⚠ Bei mehr oder weniger Spielern pro Mannschaft die Teams entsprechend aufteilen (2 Mal 3gegen3; 2 Mal 2gegen2).

Nr. 24	Ballablage mit Feldüberbrückung	10	★★
Benötigt:	1 Ball, eventuell Hütchen für die Spielfeldbegrenzungen		

Aufbau:

- Einen Bereich in der Mitte des Spielfelds für den Torhüter definieren (Linien oder Hütchen aufstellen).
- Zwei Mannschaften bilden, die Parteiball gegeneinander spielen.

Spielgerät:

- Einen Ball wählen, der entweder gar nicht prellt („Catchball"), oder nur sehr schwer beim Prellen zu kontrollieren ist („Unball").

Ablauf:

- Die Mannschaft in Ballbesitz versucht, den Ball im gegenüberliegenden 6-Meter-Raum abzulegen (A, C, E, F und G).
- Der ablegende Spieler muss den Ball außerhalb des 6-Meter-Raums fangen und darf ihn dann erst ablegen (G).

- ⚠️ ist immer Anspielstation für die ballbesitzende Mannschaft. Er darf sich dabei in seinem Feld frei bewegen (B). Dieses Feld darf von den Feldspielern nicht betreten werden.

- Der Ball **muss** beim Überqueren der Mittellinie immer über 🔺 gespielt werden (C und E oder F).
- Die Spieler dürfen die Mittellinie nicht mit Ball überqueren (D).
- Für jedes Ablegen bekommt die Mannschaft einen Punkt. Danach darf die andere Mannschaft den Ball sofort aufnehmen und versuchen, durch Ablegen einen Punkt im gegenüberliegenden 6-Meter-Raum zu erzielen. Sie muss beim Überqueren der Mittellinie ebenfalls über 🔺 spielen.
- Usw.

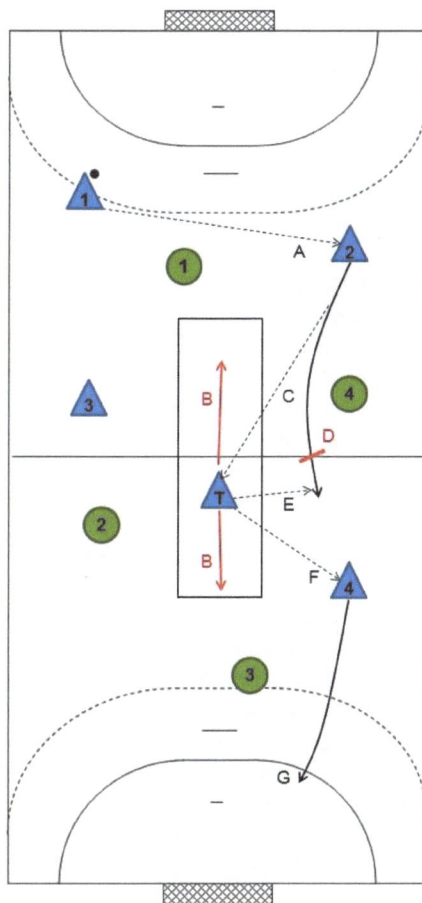

Für die Verlierermannschaft vorher eine Aufgabe definieren.

Nr. 25	3:2-Überzahl-Wettkampf	12	★★
Benötigt:	3 Ballkisten, 10 oder mehr Bälle, 4 Hütchen, ein der Spieleranzahl angepasstes Spielfeld		

Aufbau:

- Mit Hütchen ein geeignetes Spielfeld markieren.
- Eine gefüllte Ballkiste, eine leere Ballkiste gegenüber und eine Ballkiste an der Seite für die Abwehr aufstellen.

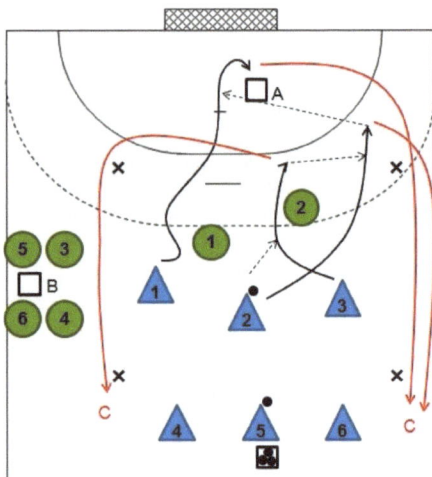

Ablauf:

- 🔺1, 🔺2 und 🔺3 spielen gegen 🟢1 und 🟢2 und versuchen, den Ball in ihrer Kiste abzulegen (A).
- Nach jedem Angriff müssen sie so schnell wie möglich um die Hütchen herum zurücklaufen (C), danach startet die nächste Gruppe (🔺4, 🔺5 und 🔺6) mit Ball.
- 🟢1 und 🟢2 laufen ebenfalls zurück zur eigenen Gruppe und die nächsten beiden (🟢3 und 🟢4) starten.
- Gelingt es den beiden Abwehrspielern, den Ball zu erkämpfen oder einen Angreifer mit Ball drei Sekunden „festzumachen", sodass er den Ball nicht mehr spielen kann, bekommen die Abwehrspieler den Ball und legen ihn in die eigene Ballkiste (B). Danach starten die nächsten Abwehrspieler. Die Angreifer müssen zuerst um die Hütchen zurücklaufen (C), danach dürfen die neuen Angreifer starten.
- Der Ablauf wiederholt sich so lange, bis alle Bälle aus der Kiste transportiert wurden. Danach ist Rollentausch und der gesamte Ablauf wird wiederholt. Wer schafft es, mehr Bälle in die eigene Kiste zu transportieren?

⚠️ Das Spiel kann auch mit weniger Spielern gespielt werden. Die Intensität erhöht sich deutlich, da z. B. bei vier Spielern je Mannschaft (🔺5, 🔺6 und 🟢5, 🟢6 fallen weg) immer zwei sofort wieder zum Angriff einbiegen müssen, um mit dem Verbliebenen erneut 3gegen2 zu spielen.

Nr. 26	Würfelball mit Zusatzaufgabe	10	★★
Benötigt:	Schaumstoffwürfel, kleine Turnkiste, 1 Ball		

Aufbau:

- Es werden zwei Mannschaften gebildet.
- In der Mitte einen Kreis auf dem Hallenboden markieren oder einen bereits existierenden Kreis verwenden.
- Im Kreis wird eine kleine Turnkiste aufgestellt, darauf ein Schaumstoffwürfel gelegt.

Ablauf Aktion 1:

- Eine Mannschaft (1, 2, 3, 4 und 5) startet im Angriff und versucht, durch schnelle Pässe (A und B) in Wurfposition zu kommen und den Würfel auf der Kiste abzuwerfen (C).
- Die andere Mannschaft versucht, den Wurf auf den Würfel zu verhindern und den Ball zu gewinnen.
- Nach einem Ballgewinn darf die abwehrende Mannschaft ihrerseits versuchen, den Würfel von der Kiste zu werfen.
- Die Mannschaft, die den Würfel trifft, bekommt einen Punkt.
- Nach dem Punktgewinn beginnt sofort Aktion 2.

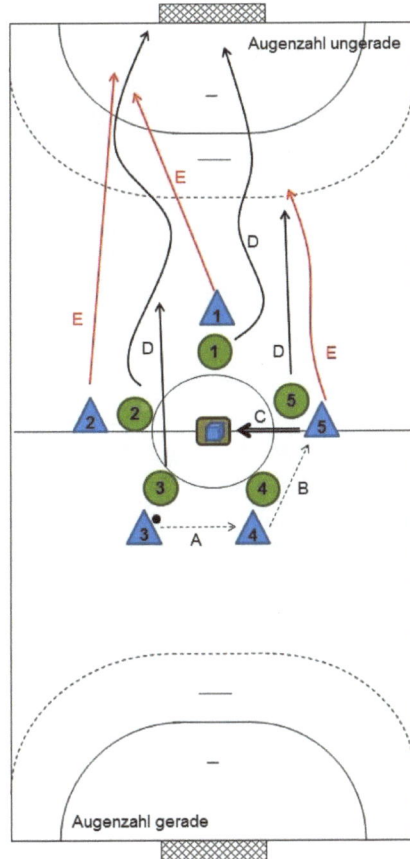

Ablauf Aktion 2:

- Beide Mannschaften versuchen, nachdem der Würfel getroffen wurde, den Ball zu sichern.
- Die gewürfelte Augenzahl entscheidet darüber, auf welche Torauslinie im Anschluss gespielt wird:
  - Liegt eine ungerade Augenzahl oben (1, 3 oder 5), wird auf die obere Torauslinie gespielt (wie im Bild).
  - Liegt eine gerade Augenzahl oben (2, 4 oder 6), wird auf die untere Torauslinie gespielt.
- Die Mannschaft, die den Ball erkämpfen konnte, versucht, den Ball schnellstmöglich hinter der entsprechenden Torauslinie abzulegen (D). Erfolgreiches Ablegen gibt einen Punkt.
- Die andere Mannschaft geht in die Abwehr und versucht, den Punkt zu verhindern (E).

Gesamtablauf:

- Die Punkte jeder Mannschaft am Kasten und beim Spiel auf die Linien werden zusammengezählt.
- Die Mannschaften sind abwechselnd zu Beginn im Angriff oder in der Abwehr.
- Wer schafft bei insgesamt 20 Spielrunden die meisten Punkte?

⚠ Nach dem Wurf auf die kleine Kiste muss schnell der Ball gesichert und in die zweite Aktion gestartet werden.

Fangspiele

Nr. 27	Stern-Fang-Lauf	6 (12)	⭐
Benötigt:	6 Hütchen, zwei der Spieleranzahl angepasste Spielfelder		

Ablauf:

- Die Spieler verteilen sich gleichmäßig auf die beiden Spielfelder, hier im Beispiel jeweils sechs Spieler pro Feld.

- ①, ②, ③ und ④ legen sich bäuchlings auf den Boden (Sternform, mit Blickrichtung in die Mitte).

- ② ist Fänger (B).

- ① versucht durch schnelles Hakenschlagen zu verhindern, dass ② ihn fängt (A).

- Wenn ① einen liegenden Spieler z. B. ① überspringt (C), wird dieser zum neuen Fänger und muss versuchen, ② zu fangen (D). ① legt sich sofort an die Stelle von ①.

- Sollte es einem Fänger (②) gelingen, den weglaufenden Spieler (①) zu fangen, bevor dieser einen Spieler überspringt (z. B. ①), wechseln die Rollen und der Gejagte wird zum Fänger.

- Die Gruppe im anderen Feld geht nach dem gleichen Ablauf vor.

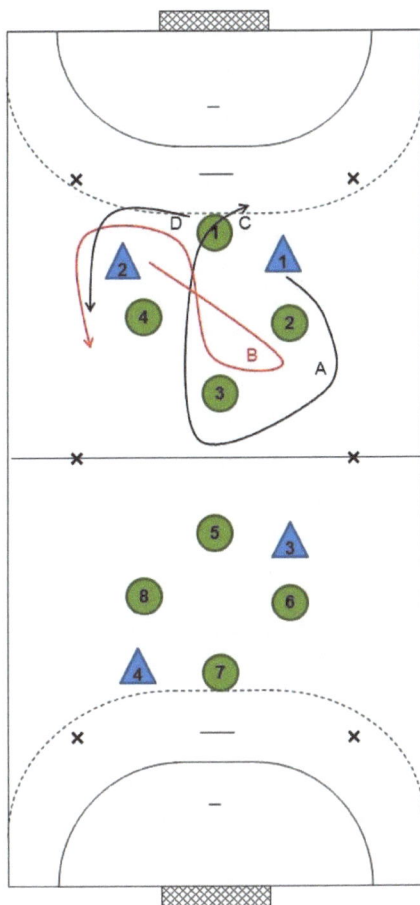

⚠️ Die Gruppen nicht zu groß wählen, da sonst eine zu lange Zeit vergeht, bis die einzelnen Spieler „an der Reihe" sind.

⚠️ Sofortiges Umschalten zwischen Liegen, Fangen und Gefangenwerden einfordern (kurze Reaktionszeit, ständig wechselnde Aufgaben).

Nr. 28	Teamfangen auf zwei Feldern	10	★
Benötigt:			

Grundaufbau:

- 2 Mannschaften bilden.
- „Spielfeldbegrenzung" ist die Mittellinie.

Ablauf:

- Auf Kommando startet je Mannschaft ein Spieler (🔺1 und 🟢1), überläuft die Mittellinie (A) und versucht, einen Spieler der anderen Mannschaft abzuschlagen (B).
- Gelingt das Abschlagen (C), läuft 🔺1 sofort zurück über die Mittellinie und seine Mannschaft bekommt einen Punkt. Jetzt darf ein anderer Spieler seiner Mannschaft (🔺3) ebenfalls über die Mittellinie laufen, mit dem Ziel, so schnell wie möglich einen Spieler abzuschlagen (D).

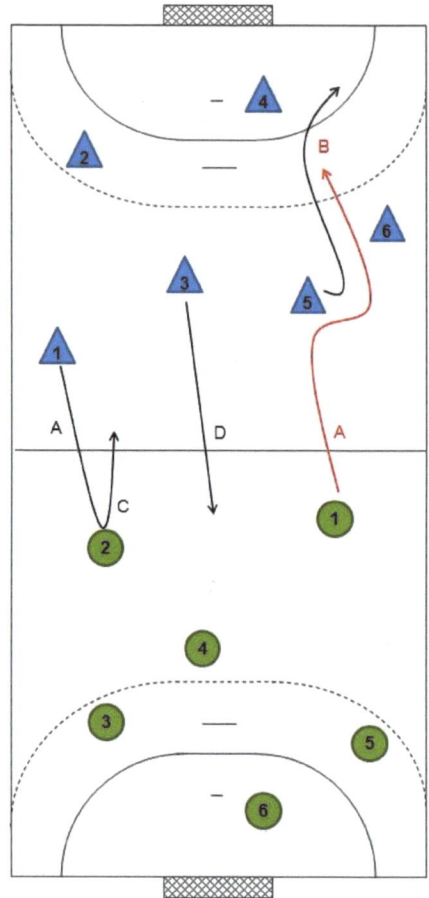

Aufgabenstellungen:

- Welche Mannschaft schafft innerhalb von 2 Minuten mehr Punkte?
- Jeder Spieler einer Mannschaft muss 2 Mal einen Spieler abschlagen (zwischen den beiden „Fangaktionen", muss er einmal über die Mittellinie laufen).

⚠ Es darf immer nur ein Spieler je Mannschaft die Mittellinie überqueren. Sollten zwei Spieler derselben Mannschaft die Mittellinie überquert haben, gibt es keinen Punkt beim Fangen!

⚠ Befindet sich 🔺1 in der „gegnerischen" Hälfte und ist dabei, einen Spieler abzuschlagen, darf er von 🟢1 nicht abgeschlagen werden. Spieler dürfen nur abgeschlagen werden, wenn sie sich in ihrer eigenen Hälfte befinden (nicht in der gegnerischen).

Nr. 29	Sprintwettkampf mit Karten	6	★
Benötigt:	1 großer Turnkasten, 1 Kartenspiel		

Aufbau:

- Der Turnkasten wird in die Mitte des Spielfeldes gestellt.
- Alle Spieler stellen sich in zwei Reihen an die obere und untere Ecke des großen Turnkastens.
- Der Trainer bildet aus den Karten zwei Stapel (linker Stapel für die Reihe von Spieler **1**, rechter Stapel für die Reihe von Spieler **2**) und legt sie vor sich hin.

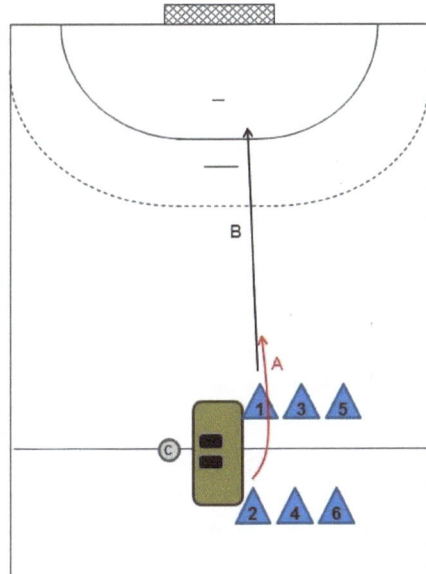

Ablauf:

- Der Trainer deckt von jedem Stapel je eine Karte auf.
- Der Spieler, der die höhere Karte hat, wird zum Fänger (A). Der Spieler mit der niedrigeren Karte muss versuchen, auf geradem Wege in den 6-Meter-Kreis auf seiner Spielfeldhälfte zu laufen, ohne vom Fänger berührt zu werden (B).
- Wird er berührt, muss er z. B. Liegestützen/Sit-ups machen.

⚠ Die Pärchen nach jedem Durchgang neu zusammenstellen.

⚠ Der Abstand zwischen den beiden Spielern muss so groß sein, dass sie sich nicht schon im Stand berühren/abschlagen können.

Nr. 30	Verfolgungs-Wettkampf	6	⭐
Benötigt:	2 Hütchen		

Aufbau:

- Mit Hütchen eine Startlinie markieren.
- Die Spieler bilden 2er-Gruppen.

Ablauf:

- Der Angreifer 🔺1 läuft auf seinen Partner 🟢1 auf der anderen Seite zu.

- 🟢1 steht ca. 10–15 Meter entfernt auf der anderen Seite und streckt eine Hand nach vorne.

- 🔺1 läuft zu 🟢1 und schlägt ihm in die Hand (A); das ist das Startsignal. Jetzt versucht 🟢1 den Angreifer 🔺1 zu fangen/berühren (B), bevor er wieder über seine Startlinie gelaufen ist.

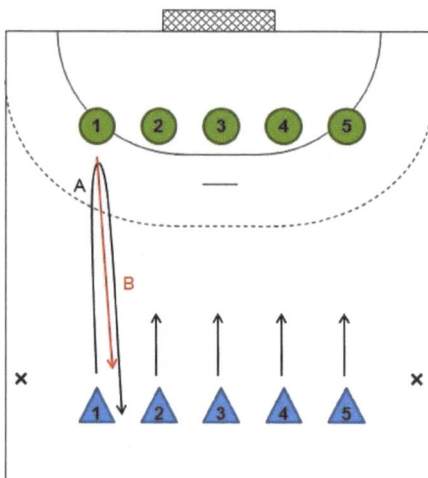

⚠️ Die Angreifer sollen ihre Anlaufgeschwindigkeit verändern, bzw. den Zeitpunkt des Einschlagens in die Hand verzögern/variieren.

Nr. 31	Seilchen-Fangen	8	⭐
Benötigt:	Für jeden Spieler ein Springseil		

Aufbau:

- Jeder Spieler bekommt ein Springseil, legt es 1–2 Mal zusammen und steckt es sich hinten in die Hose, sodass es mindestens 20–30 cm heraushängt.
- Je nach Anzahl Spieler ein geeignetes Feld festlegen.

Ablauf:

- Die Spieler laufen durcheinander.
- Dabei versucht jeder Spieler, den anderen Spielern die Seile zu klauen (A).
- Kann ein Spieler das Seil eines anderen erwischen (B), steckt er das Seil zusätzlich in seine Hose und läuft dann mit zwei Seilen weiter (C).
- Ein Spieler ohne Seil versucht, wieder eines zu klauen (D).
- Nach 2 Minuten pfeift der Trainer. Der Spieler mit den meisten Seilen bekommt einen Punkt.
- Welche Spieler haben nach 4 Durchgängen die meisten Punkte?

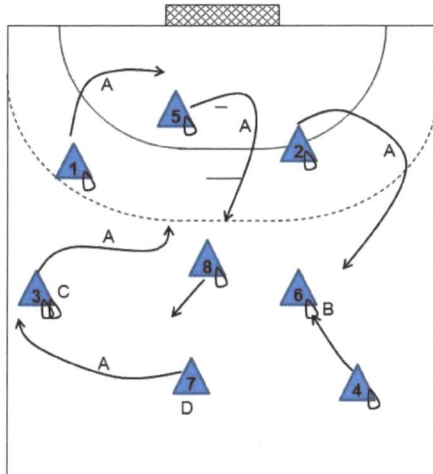

Nr. 32	Fangspiel „Ballhalter ist sicher"	9	⭐⭐
Benötigt:	2 Bälle		

Ablauf:

- Zwei Fänger versuchen, die anderen Spieler zu fangen (A).
- Der Spieler, der gerade den Ball hat, und der Spieler, der ihn als letztes hatte, dürfen nicht gefangen werden.
- Die Gruppe der gejagten Spieler muss somit den Ball immer zu dem Spieler spielen, der gerade in Gefahr ist, gefangen zu werden (B).
- Wurde ein Spieler gefangen, wird er zum Fänger.

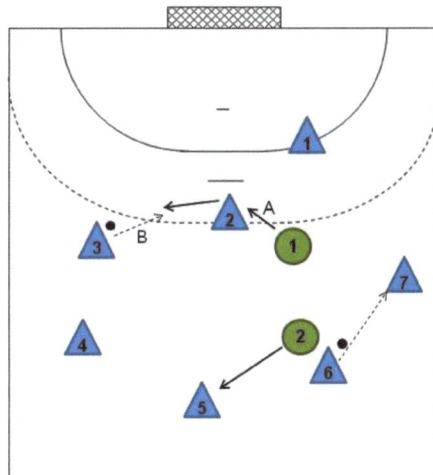

⚠ Es müssen so viele Bälle wie Fänger im Spiel sein.

⚠ Die Fänger kennzeichnen (z. B. durch ein Leibchen in der Hand).

Nr. 33	Fangspiel mit Ball	8	★★
Benötigt:	4 Hütchen, 1 Ball		

Aufbau:

- Mit 4 Hütchen ein geeignetes Feld markieren.
- 2 Spieler sind zu Beginn Fänger, alle anderen werden gekennzeichnet (z. B. durch ein Leibchen, das in der Hand gehalten wird).

Ablauf:

- Die Spieler verteilen sich im Feld.
- Die beiden Fänger (im Bild ① und ②) passen sich einen Ball hin und her (A). Sie versuchen dabei, die anderen Spieler zu fangen, indem der Ballhalter sie mit der freien Hand berührt (B).
- Nur der Ballhalter darf einen Spieler fangen (B). Er darf maximal drei Schritte mit Ball machen und nicht prellen.
- Der Fänger ohne Ball darf nicht selbst fangen, er soll sich durch geschicktes Laufen so in Position bringen, dass er einen anderen Spieler berühren kann, sobald er den Ball bekommt (C).
- Ein Spieler, der berührt wurde, wird zum zusätzlichen Fänger.
- Es wird so lange gespielt, bis alle Spieler gefangen sind, dann werden zwei neue Spieler als Fänger festgelegt.

⚠ Die zu fangenden Spieler sollen den Ball nicht herausfangen, sondern durch geschicktes Laufen verhindern, gefangen zu werden.

⚠ Durch ein kleineres Feld oder eine größere Anzahl Fänger zu Beginn wird die Aufgabe für die Fänger erleichtert.

Nr. 34	Fangspiel 1gegen1	6	★★
Benötigt:	6 Hütchen		

Aufbau:
- Mit Hütchen die Startpositionen und Ziellinien und ein Tor in der Mitte markieren.

Ablauf:
- ▲1 und ▲4 starten auf Kommando.
- ▲1 versucht nach dem Kommando, die gegenüberliegende Linie zu überlaufen, ohne von ▲4 dabei berührt zu werden (A).
- ▲4 versucht nach dem Kommando, ▲1 abzufangen und abzuschlagen (B).
- Schafft es ▲1, ohne Berührung über die Linie zu laufen, bekommt er einen Punkt. Berührt ihn ▲4 vorher, bekommt ▲4 einen Punkt.
- Danach starten ▲2 und ▲5 mit dem gleichen Ablauf. Usw., bis alle Spieler der Mannschaft gelaufen sind. Danach erfolgt der Aufgabenwechsel.
- Welche Mannschaft macht mehr Punkte? Die Verlierermannschaft macht jeweils Liegestützen oder Sit-ups.

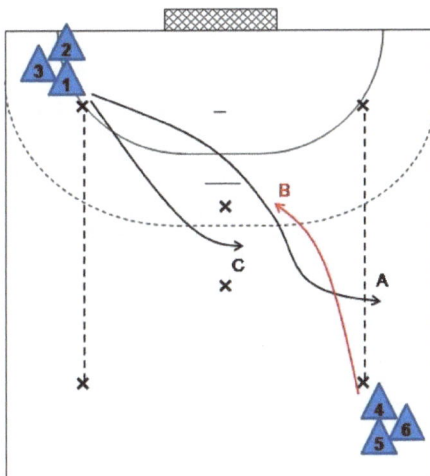

Variation:
- Läuft ▲1 auf direktem Weg über die Linie (A), bekommt er einen Punkt. Wenn ▲1 den „Umweg" durch das Hütchentor nimmt und ohne Berührung über die Linie läuft, bekommt er zwei Punkte (C).

Sprint- und Staffelspiele

Nr. 35	Sprint-Memory	6	⭐
Benötigt:	1 großer Turnkasten, 2 Hütchen, 1 Memory Spiel		

Aufbau:

- Einen großen Turnkasten in die Nähe der Mittellinie stellen und die Memory-Karten verdeckt darauf auslegen.

Ablauf:

- ▲1 und ▲2 starten gleichzeitig auf Kommando zum Turnkasten und decken jeweils zwei Karten auf, schauen sich die Bilder an und drehen sie wieder um.
- Die beiden laufen dann wieder zurück und schlagen den nächsten Spieler ab, der sich auch zwei Karten anschaut.
- Wird ein Pärchen aufgedeckt (zwei gleiche Karten), nimmt der Spieler diese mit und legt sie bei seinen Mitspielern ab.
- Der Ablauf wird so lange wiederholt, bis keine Karten mehr auf dem Kasten liegen.

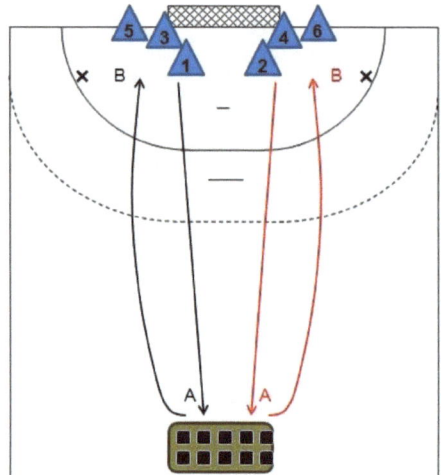

Ziel:

- Die Mannschaft mit den meisten gefundenen Pärchen hat gewonnen.

⚠️ Die Spieler sollen sich abstimmen, wo welche Karte liegt, damit sie schneller passende Pärchen finden.

Variation:

- Für jede Mannschaft ein eigenes Memory auf einer kleinen Turnkiste auslegen.

Die Verlierermannschaft macht entweder Liegestützen oder Sit-ups.

Nr. 36	Sprint-Parcours mit Karten	6	★
Benötigt:	2 Langbänke, 4 kleine Turnkisten, 3 dünne Turnmatten, 1 großer Turnkasten, 1 Kartenspiel, 4 Hütchen		

Aufbau:

- Mit 4 Hütchen den Laufweg markieren.
- Auf einem großen Turnkasten an der Mittellinie Karten umgedreht auslegen.
- 2 Turnbänke (Langbank) hintereinander aufstellen (C).
- 4 kleine Turnkisten aufstellen (D).
- 3 dünne Turnmatten auf den Boden legen (E).
- Zwischen den Geräten ausreichend Platz lassen.

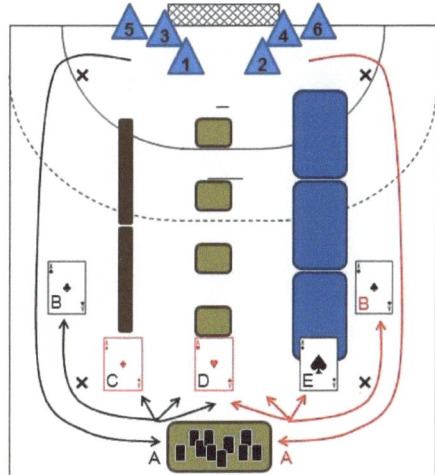

Ablauf:

- **1** und **2** starten gleichzeitig auf Kommando um die Hütchen zum Turnkasten (A) und drehen dort eine Karte um. Diese nehmen sie mit und führen folgende Aufgaben abhängig von der gezogenen Karte aus:
  - **Karo (C):** Auf die erste Langbank legen und sich mit beiden Händen rechts und links auf dem Bauch liegend über die erste Bank ziehen. Aufstehen und beidbeinig immer von rechts nach links und umgekehrt über die 2. Langbank springen (min. 4 Sprünge vorgeben).
  - **Herz (D):** Beidbeinig auf die kleine Turnkiste springen, dann runter und wieder auf die nächste Kiste springen.
  - **Pik (E):** 3 Purzelbäume vorwärts auf den Turnmatten machen.
  - **Kreuz (B):** Außen um die Hütchen wieder zurücklaufen.
- Danach wird der nächste Spieler abgeschlagen und der Ablauf wiederholt sich.
- Welche Mannschaft ist schneller?

Wiederholung:

- Jeder Spieler läuft 3 Mal.

Variationen:

- Jede Mannschaft zieht vorher aus dem Stapel z. B. 20 Karten und teilt diese unter den Mitspielern auf. Jeder Spieler kommt mit einer Karte zum Kasten gelaufen und absolviert dann auf dem Rückweg die Aufgabe, die durch die Karte definiert ist.

Die Verlierermannschaft macht entweder Liegestützen, Sit-ups.

Nr. 37	Medizinball-Staffel	3	★
Benötigt:	Je drei Spieler einen Medizinball		

Aufbau:

- 3er-Mannschaften mit einem Medizinball (wie abgebildet) bilden.
- Die Spieler stehen jeweils neben der Seitenauslinie

Ablauf:

- Auf Kommando starten die Spieler mit dem Medizinball (1, 1 und 1), sprinten auf die andere Seite und übergeben auf Höhe der Seitenauslinie den Medizinball an den nächsten Spieler (A).

- 3, 3 und 3 sprinten mit dem Medizinball auf die andere Seite (B) und übergeben auf Höhe der Seitenauslinie den Medizinball an den nächsten Spieler.

- 2, 2 und 2 sprinten mit dem Medizinball auf die andere Seite (C) und übergeben auf Höhe der Seitenauslinie den Medizinball wieder an den ersten Spieler.

- Der Ablauf wiederholt sich insgesamt 30 (60) Mal. Die Mannschaft, die danach zuerst mit Medizinball über die Seitenauslinie läuft, hat gewonnen.

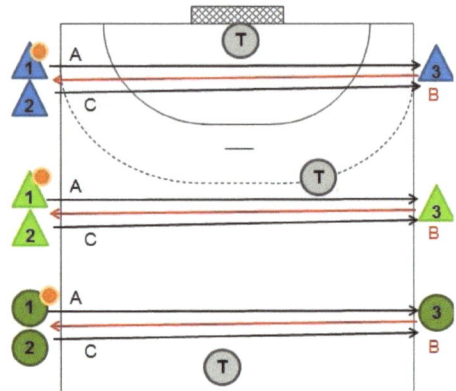

Vorher Aufgaben definieren:

- Der Gewinner bleibt ohne Aufgabe.
- Der 2. muss z. B. 10 schnelle Hampelmannbewegungen machen.
- Der 3. muss z. B. 10 Liegestützen machen.
- Usw.

⚠ Auf korrekte Übergabe des Medizinballs auf Höhe der Seitenauslinie achten. Die Spieler sollen nicht zu früh loslaufen oder sich den Ball passen.

⚠ Für jede Gruppe einen „Zähler" (T) zur Gruppe stellen, der die Anzahl der Durchgänge zählt.

Nr. 38	Seilsprung „Reise nach Jerusalem"	6	★
Benötigt:	Für jeden Spieler ein Springseil, Schaumstoffbalken (1 weniger als Spieler)		

Aufbau:

- Jeder Spieler nimmt sich ein Springseil.
- Die Pommes (Schaumstoffbalken) in der Halle verteilt auslegen (siehe Bild).
- 2–3 Pommes weniger als Spieler auslegen.

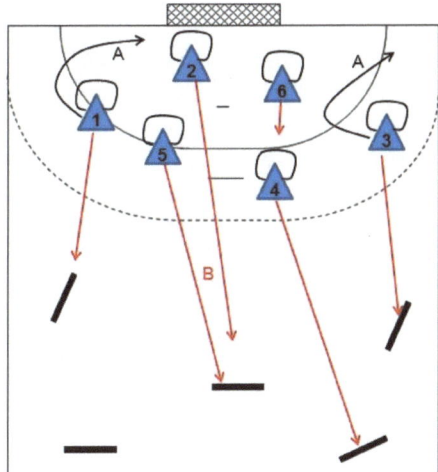

Ablauf 1:

- Die Spieler laufen kreuz und quer seilspringend im 9-Meter-Kreis durcheinander (A).
- Auf Kommando beenden die Spieler das Seilspringen und sprinten zu einer der auf dem Boden liegenden Pommes (B):
    o Die Spieler sollen das Springseil dabei mitnehmen.
    o Der Spieler, der seinen Fuß zuerst auf die Pommes setzen kann, belegt diese Pommes.
- Die Spieler, die keine Pommes belegen können, müssen eine Aufgabe ausführen (z. B. 10 schnelle Hampelmannbewegungen, 5 Liegestützen, ...).
- Danach kommen die Spieler zurück und der Ablauf wiederholt sich.

Ablauf 2:

- Es wird 1 Pommes weniger als Spieler auf dem Boden ausgelegt (Bsp.: 10 Spieler → 9 Pommes).
- Die Spieler laufen wieder kreuz und quer seilspringend im 9-Meter-Kreis durcheinander (A).
- Auf Kommando beenden die Spieler das Seilspringen und sprinten zu einer der auf dem Boden liegenden Pommes (B).
- Der Spieler, der keine Pommes belegen kann, scheidet aus und muss am Rand z. B. 10 Liegestützen und 10 Sit-ups machen.
- Danach wird eine Pommes entfernt und die restlichen Spieler beginnen den Ablauf im 9-Meter-Kreis von vorne (9 Spieler → 8 Pommes).
- Der Ablauf wiederholt sich jetzt so lange, bis nur noch zwei Spieler übrig sind. Diese haben gewonnen.

⚠ Spieler, die den 9-Meter-Kreis vor dem Signal verlassen, scheiden aus und müssen die Aufgabe ausführen.

Nr. 39	Kartensammeln mit Basketballwurf	6	★
Benötigt:	1 Kartenspiel, 1 großer Turnkasten, 2 Basketballkörbe, je Gruppe einen Ball, 2 Hütchen		

Aufbau:

- Mannschaften zu 2 oder 3 Spielern bilden und ihnen eine Spielkarte zuweisen (z. B. Buben, 7er, Könige).
- Alle Spielkarten mit dem Bild nach unten auf dem Kasten verteilt auslegen.

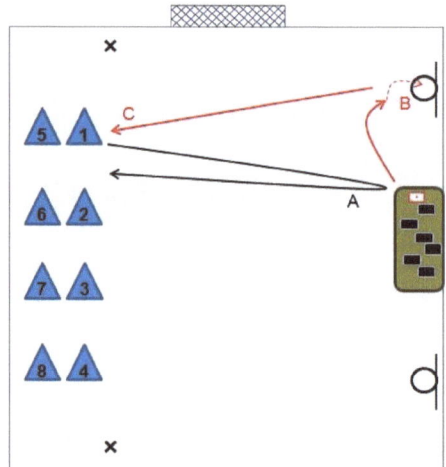

Ablauf:

- Die ersten Spieler jeder Gruppe starten auf Kommando gleichzeitig mit Ball und sprinten zum Kasten.
- Dort drehen sie eine Karte um. Ist es eine der zugewiesenen, nehmen sie die Karte mit, sprinten zurück (A) und übergeben den Ball an den nächsten Spieler (z. B. 5), der dann ebenfalls zum Kasten sprintet usw. bis alle 4 Karten eingesammelt wurden.
- Ist es eine falsche Karte, muss 1 zum Basketballkorb abbiegen (die Karte dreht er wieder um und lässt sie liegen) und dort so lange auf den Korb werfen, bis er getroffen hat (B).
- Danach rennt 1 zurück und übergibt den Ball an 5 (C).

Die Mannschaft, die zuerst alle vier Karten eingesammelt hat, hat gewonnen.

Nr. 40	Eckensprinten auf Kommando	6	★
Benötigt:	2 dünne Turnmatten		

Aufbau:

- Zwei Matten in der Mitte des Feldes auslegen, vier Hütchen in den Ecken aufstellen und mit den Nummern 1–4 benennen (s. Bild).
- Es werden zwei Mannschaften gebildet, die sich jeweils hinter einer Turnmatte aufstellen.

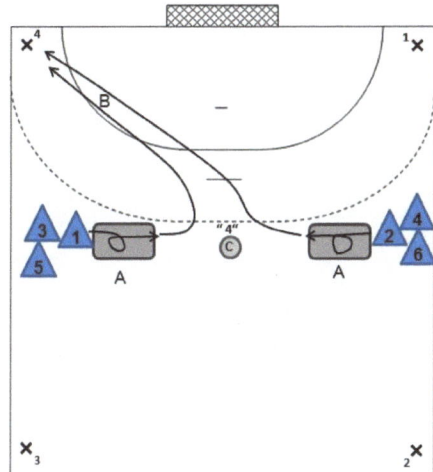

Ablauf:

- Auf Kommando starten 1 und 2 gleichzeitig mit einer Vorwärts-Rolle auf der Matte (A).
- Während der Rolle ruft der Trainer eine Zahl zwischen 1 und 4 (hier „4").
- Zu dieser Ecke müssen die beiden Spieler nach der Rolle sprinten (B).
- Der Spieler, der zuerst ankommt, bekommt für die Mannschaft einen Punkt.
- Auf das nächste Kommando starten die nächsten beiden Spieler.

Variationen:

- Der Trainer nennt eine Rechenaufgabe, deren Ergebnis 1 bis 4 ergibt, anstatt direkt die Zahl (z. B. 21-18, 12 / 6, Wurzel aus 16…).
- Der Trainer nennt keine Zahlen, sondern hebt Farbkarten oder Leibchen in 4 Farben nach oben, jeder Ecke ist eine Farbe zugeordnet.

⚠ Die Spieler sollen sich sofort nach der Rolle zur richtigen Ecke orientieren.

Nr. 41	Sprintwettkampf mit zwei Gruppen mit unterschiedlichen Aufgaben	10	★★
Benötigt:	1 Weichbodenmatte, 11 Hütchen, 1 Ball		

Aufbau:
- Matte und Hütchen wie im Bild aufstellen.
- Zwei Mannschaften bilden.

Ablauf Mannschaft 1:
- Der Ball wird von LA von Spieler zu Spieler bis RA gepasst (A) und wieder zurück (D).
- Nachdem **1** den Ball zu **2** gepasst hat, sprintet er zum linken Torpfosten, berührt ihn und sprintet wieder zurück (B).
- Nachdem **2** den Ball zu **3** gepasst hat, sprintet er zum linken Torpfosten, berührt ihn und sprintet wieder zurück.
- Nachdem **3** den Ball zu **4** gepasst hat, sprintet er zur Weichbodenmatte (C) berührt diese und sprintet wieder zurück.
- **4** passt zu **5** und dieser wieder zurück zu **4** und sprintet dann zum rechten Torpfosten, berührt ihn und sprintet wieder zurück, usw.

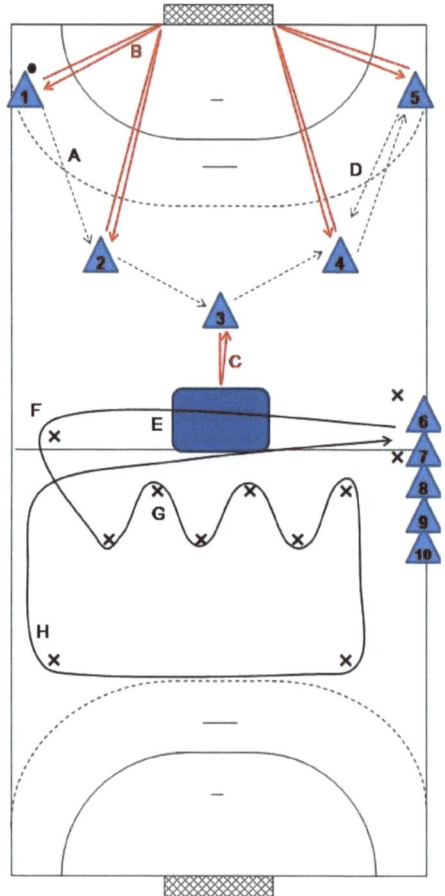

Hinweise:
- **3** sprintet jedes Mal.
- **1** und **2** sprinten nur, wenn der Ball von LA kommt.
- **4** und **5** sprinten nur, wenn der Ball von RA kommt.

Ablauf Mannschaft 2:
- Alle Spieler laufen gemeinsam hintereinander los auf die Weichbodenmatte.
- 6 Kontakte (3 li. und 3 re.) auf der Weichbodenmatte (E).
- Die Spieler umlaufen hintereinander das Hütchen (F) und laufen in der Vorwärts- Rückwärtsbewegung durch die Hütchen (G).

- Im Bogen um die Hütchen und wieder zurück über die Start- und Ziellinie (H).

Gesamtablauf:
- Mannschaft 2 absolviert fünf Runden, es wird gezählt, wie viele Pässe Mannschaft 1 schafft, dann ist Aufgabenwechsel.
- Wer schafft mehr Pässe?

Nr. 42	Mannschafts-Pendel-Staffel	8	★★
Benötigt:	4 Hütchen		

Aufbau:
- Hütchen wie abgebildet aufstellen.

Ablauf:

- 1 und 5 starten auf Kommando gleichzeitig und sprinten zum hinteren Hütchen, umlaufen es (A) und sprinten wieder zurück.

- Sie nehmen 2 (1) und 6 (5) an die Hand (B), und sprinten zu zweit um das Hütchen (A) und wieder zurück.

- Sie nehmen dann jeweils den dritten Spieler an die Hand usw. bis alle Spieler Hand in Hand um das Hütchen sprinten.

- Wenn der letzte Spieler „abgeholt" wurde, laufen alle Spieler zusammen eine Runde um das hintere Hütchen (A).

- Wenn sie wieder zurück sind, lassen 1 und 5 los und die anderen Spieler sprinten wieder um das Hütchen (A).

- Bei jedem Durchlauf am Start (B), lässt in umgekehrter Reihenfolge jeweils ein Spieler los, bis nur noch einer übrig ist, dieser sprintet dann alleine die letzte Runde.

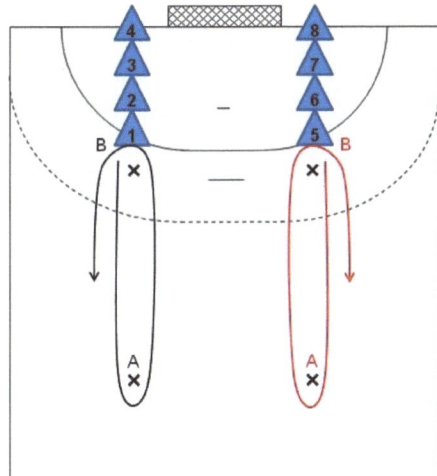

Die Verlierermannschaft muss z. B. Liegestützen oder Sit-ups ausführen.

⚠ Der Wettkampf ist sehr intensiv, da jeder Spieler hintereinander mehrere Umläufe machen muss.

⚠ Eventuell lohnt sich ein taktisches Laufen (durch die hohe Belastung, entscheidet sich der Sieg erst am Schluss).

Nr. 43	Sprintstaffel mit Pässen	8	★★
Benötigt:	2 Bälle		

Aufbau:

- 2 Mannschaften mit je einem Ball bilden.
- Alle Spieler der beiden Mannschaften stellen sich hinter der Mittellinie auf.

Ablauf:

- Auf Kommando startet je ein Spieler jeder Mannschaft und sprintet in den 6-Meter-Raum (A).
- Im 6-Meter-Raum angekommen, bekommt er den Ball gespielt (B) und passt ihn sofort wieder zurück (C).
- Sobald der Ball wieder an der Mittellinie angekommen ist (D) wiederholt sich der Ablauf und der nächste Spieler sprintet los, usw.
- Wenn der letzte Spieler den Ball hat, passt er ihn in den 6-Meter-Raum zu einem Mitspieler (F), sprintet los, setzt einen Fuß in den Kreis und sprintet sofort wieder zurück zur Mittellinie (G).
- Sobald er dort angekommen ist, bekommt er den Ball gepasst (J) und spielt ihn sofort wieder zurück (K).
- Der nächste Spieler sprintet zur Mitte, bekommt den Ball und passt zurück in den 6-Meter-Raum.
- Das wiederholt sich bis zum letzten Spieler, sobald dieser den Ball hat, läuft er prellend zurück über die Mittellinie.
- Welches Team absolviert den Ablauf schneller?

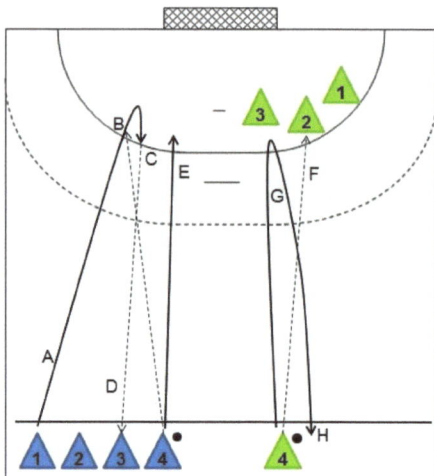

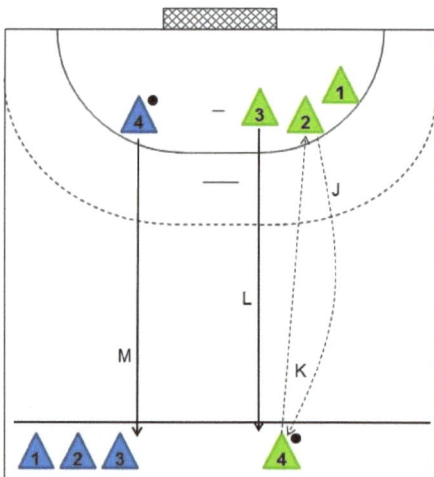

Für die Verlierermannschaft vorher eine Aufgabe vereinbaren.

Nr. 44	Koordinations-Sprint-Wettkampf	8	★★
Benötigt:	2 Koordinationsleitern, Ballkiste mit ausreichend Bällen		

Aufbau:

- Zwei Mannschaften bilden.

Ablauf 1:

- **1** und **2** starten gleichzeitig und laufen im Sidestep mit zwei Kontakten je Zwischenraum durch die Koordinationsleitern (A).

- Dabei gibt **1** die Richtungswechsel vor (B), **2** spiegelt die Richtungswechsel (C). Sobald der Trainer einen Ball prellt, ist dies das Signal für die Spieler, aus der Koordinationsleiter heraus zu sprinten (D / D).

- Wer zuerst den Pfosten berührt, gewinnt für die Mannschaft einen Punkt.

- Danach starten die nächsten beiden Spieler mit dem gleichen Ablauf.

- In der zweiten Runde werden die Aufgaben getauscht, d. h., **2** gibt die Richtungswechsel vor und **1** spiegelt den Laufweg.

- Das Team mit weniger Punkten macht am Ende eine vorab definierte Sonderaufgabe (z. B. 10 schnelle Hampelmannbewegungen).

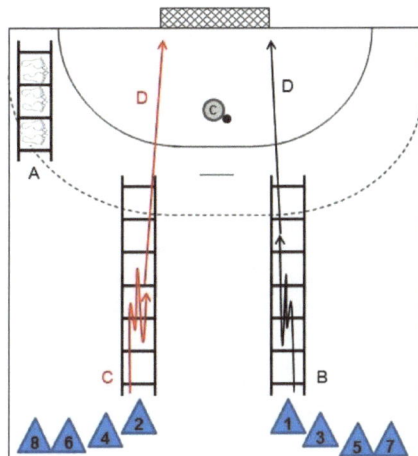

Ablauf 2:

- Die Schritte A–C aus Ablauf 1 bleiben erhalten.

- Jetzt rollt der Trainer als Signal den Ball zügig zwischen die beiden Koordinationsleitern (E).

- Sobald der Ball gerollt wird, startet der Spieler, der bisher die Bewegung gespiegelt hatte (hier **2**) und versucht, durch die Koordinationsleiter seines Gegenübers zu sprinten (F), ohne von **1** berührt zu werden (G).

- Schafft es **2**, die Koordinationsleiter unberührt zu überlaufen, bekommt er einen Punkt für die Mannschaft.

- Im zweiten Durchgang werden die Aufgaben wieder getauscht.

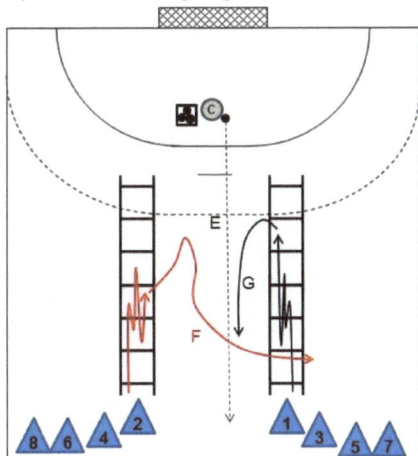

Nr. 45	Medizinball-Transport-Sprintstaffel	8	★★★
Benötigt:	2 Medizinbälle und 2 kleine Turnkisten für je 4 Spieler, 4 Hütchen		

Aufbau:

- Mannschaften zu je vier Spielern bilden.
- Die Spieler stellen sich zu zweit – wie abgebildet – jeweils gegenüber auf.
- Jede Mannschaft bekommt eine kleine Turnkiste, auf die Turnkisten wird je ein Medizinball gelegt.
- Eine Staffelung für den Einlauf definieren, z. B. die Sieger bleiben ohne Aufgabe, die Zweiten absolvieren 10 Strecksprünge, die Dritten absolvieren 20 Liegestützen, usw.

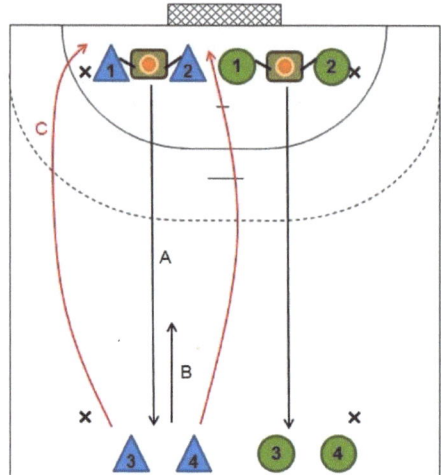

Ablauf:

- Die beiden Spieler einer Mannschaft heben jeweils die Turnkiste mit dem Medizinball darauf hoch.
- Auf Kommando laufen alle 2er-Teams mit der Turnkiste auf die andere Seite (A). Der Medizinball darf dabei nicht herunterfallen. Fällt er herunter, müssen die beiden Spieler die Kiste abstellen, den Ball wieder darauflegen und dürfen dann erst weiterlaufen.
- Auf der anderen Seite angekommen, stellen sie die Kiste auf den Boden; die beiden anderen Spieler übernehmen die Kiste und laufen damit wieder zurück (B).
- Die beiden Spieler, die zuerst die Kiste getragen haben (1 und 2) laufen nach dem Abstellen sofort außen (ohne andere Spieler beim Tragen zu stören) zurück (C) und nehmen die Kiste dort wieder in Empfang, um sie wieder auf die andere Seite zu tragen. 3 und 4 laufen ebenso wieder auf die andere Seite, usw.
- Der Ablauf wiederholt sich so lange, bis jedes 2er-Team jeder Mannschaft die Turnkiste 5 Mal auf die andere Seite getragen hat (insgesamt wird die Kiste je Mannschaft 10 Mal hin und her getragen).

⚠ Bei 3 bis 4 Mannschaften die Hütchen weit genug auseinander stellen, damit alle Mannschaften ausreichend Platz für die Übergabe der Kiste haben.

Wurf- und Balltransportspiele

Nr. 46	Ballwurf-Wettkampf	8	⭐
Benötigt:	14–20 Bälle		

Aufbau:
- Zwei Mannschaften bilden, eine auf jeder Spielfeldhälfte.
- Jeweils 5–10 Bälle je Spielfeldhälfte (Mannschaft) in die Mitte legen.

Ablauf:
- Immer zwei Spieler laufen locker kreuz und quer in ihrer Spielfeldhälfte und passen sich dabei einen Ball (A) (Laufbewegung: vorwärts, rückwärts und seitwärts).
- Auf Kommando beginnen beide Mannschaften, die Bälle aus ihrer Hallenhälfte in die der gegnerischen Mannschaft zu werfen (B). Dabei darf jeder Spieler maximal einen Ball gleichzeitig in den Händen halten.
- Nach 30 Sekunden (auf Kommando) hören alle sofort auf und es wird gezählt, welche der beiden Mannschaften mehr Bälle in der eigenen Spielfeldhälfte hat. Diese muss z. B. Liegestützen/Sit-ups machen.

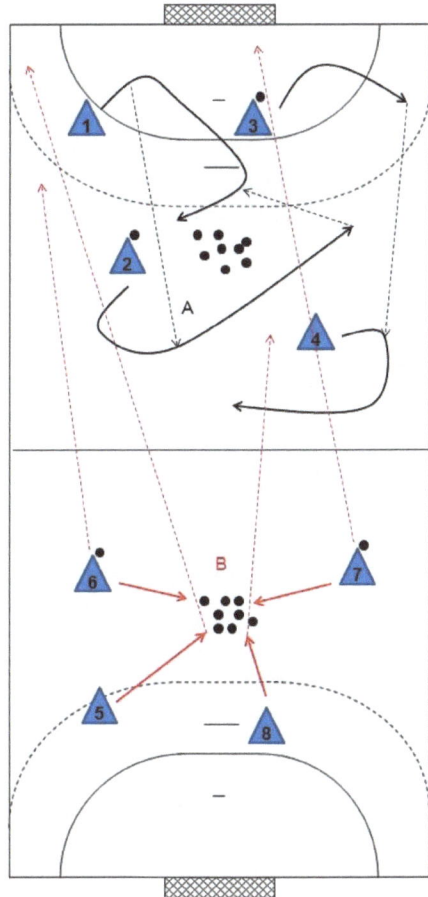

Nr. 47	Bälle treiben	6	★
Benötigt:	Jeder Spieler mit einem Ball, 5 Medizinbälle, 4 Hütchen		

Aufbau:

- Es werden mit Hütchen zwei Linien markiert (oder vorhandene Linien definiert).
- Die Spieler werden in zwei Mannschaften aufgeteilt, jeder Spieler mit einem Ball.
- Die Mannschaften stellen sich hinter den Linien auf (jede Mannschaft auf einer Seite).
- Zwischen den beiden definierten Linien werden in der Mitte Medizinbälle ausgelegt.

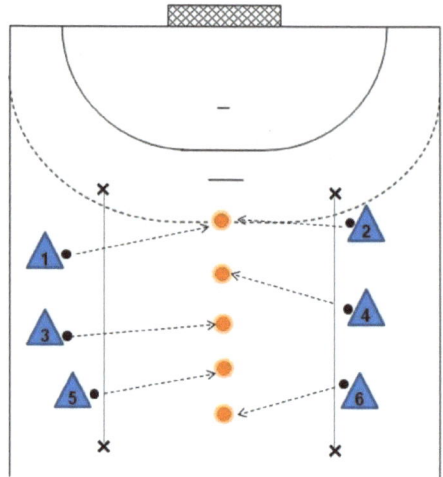

Ablauf:

- Auf Signal starten beide Mannschaften und versuchen durch gezielte Würfe auf die Medizinbälle, diese über die gegnerische Linie zu treiben.
- Alle Spieler dürfen gleichzeitig auf beliebige Medizinbälle werfen.
- Hat ein Medizinball mit gesamtem Umfang eine der Linien überrollt, darf er nicht mehr abgeworfen werden.
- Welche Mannschaft hat es am Ende geschafft, mehr Medizinbälle ins Feld der Gegner zu treiben?

⚠ Den Abstand der Linien und damit den Abstand zu den Medizinbällen entsprechend dem Leistungsvermögen der Spieler variieren.

Nr. 48	Transportstaffel	6	⭐
Benötigt:	6 kleine Turnkisten, 2 dünne Turnmatten, 3 Hütchen, 8 Handbälle		

Ablauf:

- 🔺1 und 🔺2 starten gleichzeitig mit Ball und laufen zur ersten Turnkiste.
- Dort legen sie ihren Ball ab und nehmen den dort liegenden Ball mit.
- Der Ablauf wiederholt sich bis zur dritten Turnkiste (A). Auch von dort wird der Ball mitgenommen.
- Letzte Station ist die Turnmatte, den Ball zur Seite legen, eine (oder mehrere) Liegestütze(n) (Sit-ups, Vorwärts-/Rückwärtsrolle) machen (B), den Ball wieder aufnehmen, zurück zum Start prellen (C) und an den nächsten Spieler übergeben.
- Usw., bis alle einmal gelaufen sind.

⚠️ Der Ball muss auf der Turnkiste liegenbleiben. Rollt er herunter, muss der Spieler erst wieder zurücklaufen und ihn auf die Kiste legen.

Die Verlierermannschaft macht entweder Liegestützen oder Sit-ups…

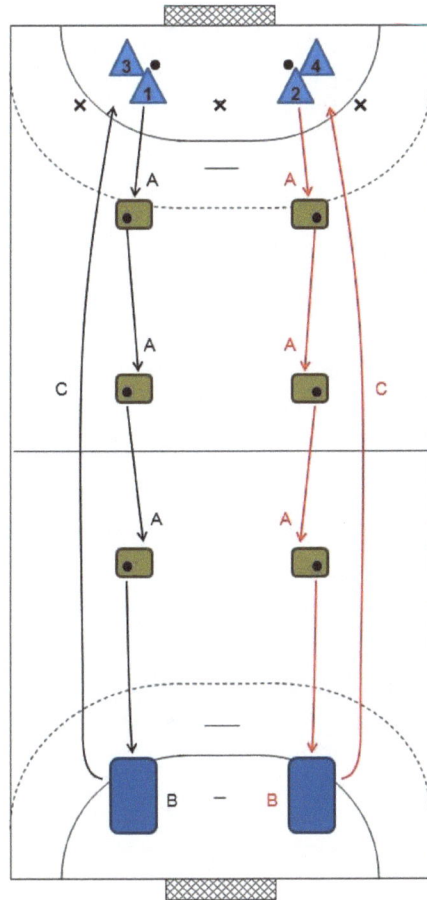

Nr. 49	Balltransport mit Abwurf	8	⭐
Benötigt:	2 weiche Schaumstoffbälle, 2 Ballkisten mit 12–16 Bällen, 2 Hütchen		

Aufbau:
- Zwei Mannschaften.
- Ein Spieler je Mannschaft mit einem weichen Schaumstoffball.
- Zwei Ballkisten mit je 6–8 Bällen aufstellen.

Ablauf:
- Jede Mannschaft versucht, in der vorgegebenen Zeit die Bälle aus der eigenen Kiste in die Kiste der Gegnermannschaft zu transportieren. Dafür nehmen die Spieler den Ball aus der eigenen Kiste (A), prellen zur gegnerischen Kiste (B) und legen
den Ball dort hinein (C).
- Danach laufen die Spieler zurück zur eigenen Kiste und holen den nächsten Ball.
- Ein Spieler jeder Mannschaft (hier 4 und 4) versucht, mit einem weichen Schaumstoffball die gegnerischen Spieler abzuwerfen (D). Wer abgeworfen wurde, muss den Umweg um eines der beiden Hütchen nehmen (E).
- Wer hat nach Ablauf der Zeit weniger Bälle in der eigenen Kiste?
- Es werden mehrere Durchgänge gespielt (3 Mal 4 Minuten). Dabei wird der Spieler mit Schaumstoffball in jedem Durchgang gewechselt.

⚠ Auf Prellfehler achten. Eventuell soll ein Spieler, der den Ball verliert oder einen Prellfehler macht, ebenfalls den Umweg um die Hütchen nehmen.

Variationen:
- Zwei oder mehr Spieler mit einem Schaumstoffball, die sich den Ball passen können und dann versuchen, einen prellenden Spieler der gegnerischen Mannschaft mit dem Ball zu berühren.

Nr. 50	Balltransport durch Pässe	12	★
Benötigt:	2 Ballkisten, 8 Hütchen		

Aufbau:

- Mit Hütchen werden Korridore gebildet (je nach Anzahl der Spieler 3–5).
- In jedem Korridor stehen abwechselnd zwei Abwehrspieler und drei Angreifer (im ersten Korridor genügen zwei Angreifer).

Ablauf:

- Die Angreifer haben die Aufgabe, so schnell wie möglich alle Bälle aus der Ballkiste auf der einen Seite auf die andere Seite zu passen und dort in der Kiste abzulegen.

- ▲1 passt den ersten Ball zu einem Angreifer im dritten Korridor (A), dieser passt weiter in den Zielkorridor (B) und der Ball wird in der Kiste abgelegt (C).

- Etwas zeitversetzt beginnt ▲2 mit dem gleichen Ablauf (D, E und F).

- ▲1 holt sich nach seinem Pass einen neuen Ball usw.

- Fängt die Abwehr einen Ball ab, wird er wieder zum Passgeber zurückgespielt und der Passgeber versucht erneut, in den nächsten Korridor zu passen.

- Die Zeit wird gestoppt, bis alle Bälle in der Zielkiste sind, dann wird der Ablauf mit vier neuen Abwehrspielern und Aufgabentausch im Angriff wiederholt.

- Welche vier Abwehrspieler halten den Angriff am längsten auf?

⚠ Die Spieler sollen schnell erkennen, welcher der Angreifer im nächsten Korridor am besten anspielbar ist.

⚠ Eventuell den Hinweis geben, Pässe anzutäuschen, um die Abwehr zu einem Angreifer zu locken und dann zum freien Angreifer passen zu können.

Sportartübergreifende Spiele

Nr. 51	Fußball paarweise	8	★★
Benötigt:	12 Hütchen, 1 Fußball		

Aufbau:

- Immer zwei Spieler halten sich an der Hand und dürfen sich nicht loslassen.
- Sechs Hütchentore auf dem Spielfeld verteilen.
- Es wird eine Fußballvariante gespielt.

Ablauf:

- 1 2 und 3 4 versuchen, den Ball durch eines der Hütchentore zu kicken (A und B).
- Gelingt ihnen ein Tor, dürfen sie direkt weiterspielen und weitere Tore erzielen. Dabei muss das Hütchentor nach jedem Schussversuch gewechselt werden.
- 1 2 und 3 4 versuchen, den Ball zu erkämpfen und ebenfalls gemeinsam Tore zu erzielen (C).

Die Mannschaft, die zuerst 5 (10) Tore erzielt hat, hat gewonnen. Die andere Mannschaft muss eine Zusatzaufgabe (Hampelmann, Liniensprints…) machen.

Nr. 52	No-Look-Ball	6	★★
Benötigt:	2 Barren, 2 Weichbodenmatten, 8 Hütchen, 1 Ball		

Aufbau:

- Zwei Mannschaften bilden.
- Zwei Barren nebeneinander auf die Mittellinie stellen und darin zwei Weichbodenmatten – wie abgebildet – hochkant einschieben (mit der längeren Kante auf dem Boden), so dass ein Blickschutz entsteht.
- Zwei Spielfelder mit Hütchen markieren, sodass der Abstand zur Matte jeweils ca. 1 Meter beträgt.

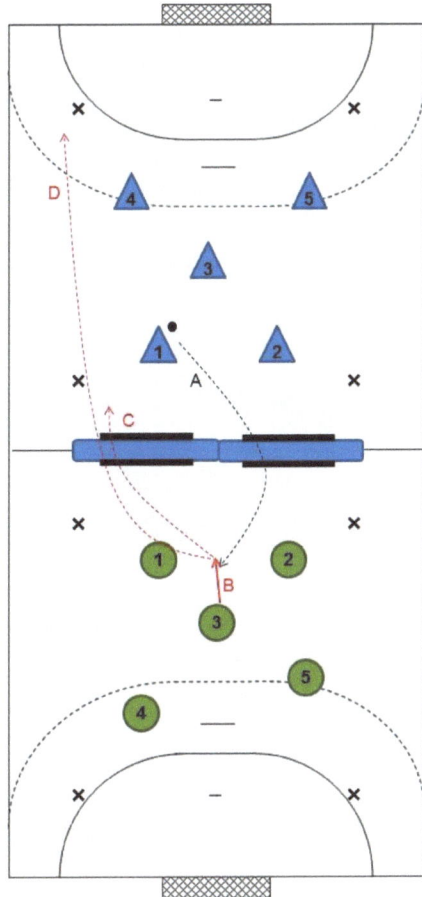

Ablauf:

- ◢ wirft den Ball über die aufgestellten Matten (A).
- Die Mannschaft auf der anderen Seite muss den Ball fangen, bevor er den Boden berührt (B) und wirft den Ball dann wieder zurück, usw.

Regeln:

- Die Spieler müssen beim Wurf mit beiden Füßen auf dem Boden stehen bleiben.
- Prellt der Ball auf dem Boden auf, bekommt die werfende Mannschaft einen Punkt.
- Wird der Ball zu kurz (direkt hinter der Matte) (C) oder ins Aus (D) geworfen, bekommt die andere Mannschaft einen Punkt.
- Die Spieler dürfen ihr Spielfeld nicht verlassen, um z. B. zu schauen, wer den Ball bei der gegnerischen Mannschaft gerade hat.
- Die Mannschaft, die zuerst 10 Punkte hat, gewinnt den Satz. Es werden 3 (5) Gewinnsätze gespielt.

Nr. 53	Intensives Fußballspiel im 2gegen2	12	★ ★
Benötigt:	4 Langbänke, 1 Fußball		

Aufbau:

- Vier Langbänke wie abgebildet aufstellen, sodass die Sitzfläche in die Halle zeigt (um 90° gedreht).
- Zwei Mannschaften bilden.
- Es wird immer im 2gegen2 Fußball gegeneinander gespielt.
- Die Mannschaften sollen eine Reihenfolge festlegen, in der die Spieler das Spielfeld betreten.

Ablauf:

- ▲1 und ▲2 spielen gegen ●1 und ●2 und versuchen, ein Tor zu erzielen, in dem sie den Ball an die auf der Seite liegenden Bank kicken (A, B und C).
- Gelingt ein Tor, müssen alle vier Spieler ▲1, ▲2, ●1 und ●2 sofort das Spielfeld bei ihrer Bank verlassen (D) (abklatschen) und dürfen auf dem Weg dorthin nicht mehr ins Spielgeschehen eingreifen. Je ein neuer Spieler pro Bank darf dann das Spielfeld betreten (E).
- Jetzt spielen ▲3 und ▲5 gegen ●3 und ●5 bis zum nächsten Tor, danach verlassen sie ebenfalls bei ihrer Bank das Spielfeld, usw.
- Die Spieler, die außerhalb auf ihren Einsatz warten, machen bei jeder „Wartepause" Liegestützen und Sit-ups im Wechsel.

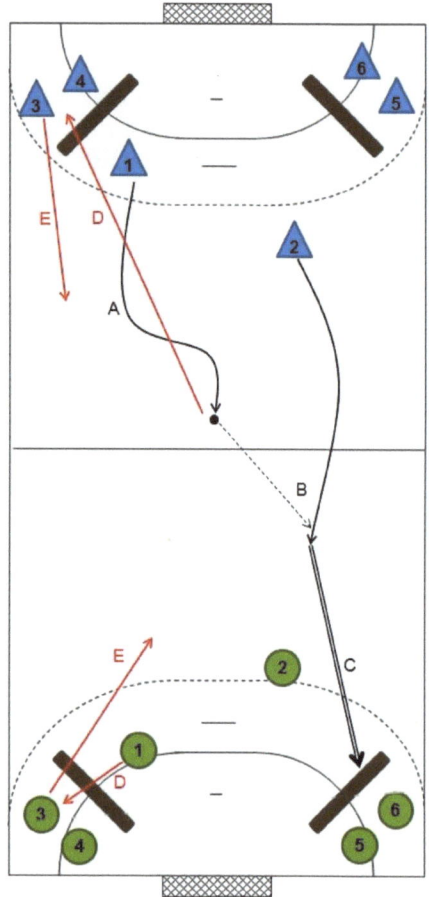

⚠ Bei größeren Gruppen je Bank mit zwei Spielern pro Bank im Feld (4gegen4) spielen.

Nr. 54	Dauerlauf-Basketball	8	★★
Benötigt:	2 Ballkisten mit ausreichend Bällen, 4 Hütchen, 2 Basketballkörbe		

Aufbau:

- Zwei Mannschaften bilden.
- Zwei Ballkisten an der Mittellinie aufstellen und jede Ballkiste einer Mannschaft zuordnen.
- Hütchen zur Markierung des Laufweges aufstellen (s. Bild).
- Es werden zwei Basketballkörbe benötigt, jeweils einer für jede Mannschaft.

Ablauf:

- 1 und 1 starten auf Kommando gleichzeitig, laufen zu der jeweils zugeordneten Ballkiste (A) und nehmen einen Ball heraus.
- Sie laufen weiter zum Basketballkorb und versuchen, einen Korb zu werfen (B).
- Danach nehmen sie den Ball wieder auf und umlaufen die Hütchen (C).
- Wurde ein Treffer erzielt, darf der Ball in der Ballkiste der anderen Mannschaft abgelegt werden (D), anschließend wird die Laufrunde beendet (E und G). Wird kein Treffer erzielt, nimmt der Spieler

  denn Ball mit auf die Laufrunde (F) und stellt sich mit Ball wieder an (G). Sobald der Spieler wieder an der Reihe ist, nimmt er für seine nächste Runde dann diesen Ball.
- 2 und 2 starten, wenn 1 und 1 auf den Basketballkorb geworfen haben.
- Welche Mannschaft hat am Ende der Zeit weniger Bälle in der eigenen Ballkiste? Diese Mannschaft gewinnt.

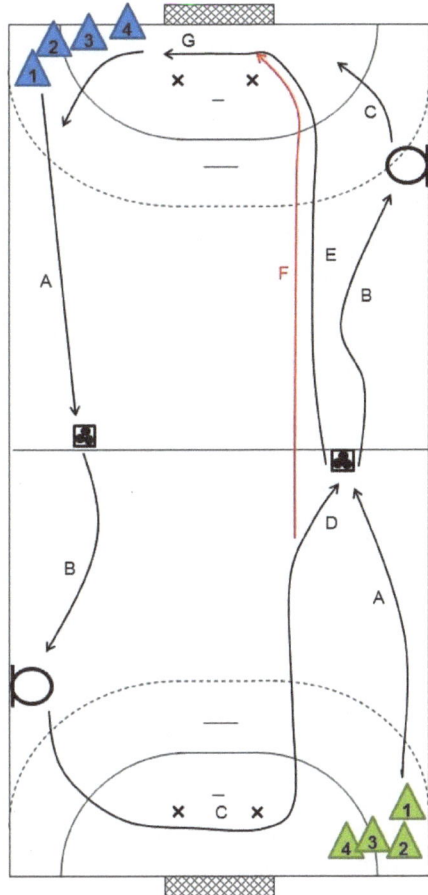

⚠ Eventuell die Laufübung zwei Mal über 6–7 Minuten absolvieren und zwischen den Durchgängen eine kurze Pause machen.

Nr. 55	Prell-Pass-Fußball	8	★★
Benötigt:	Jeder Spieler mit einem Ball, 1 Fußball		

Aufbau:
- Jeder Spieler hat einen Handball.

Ablauf:
- Es wird Fußball über das ganze Feld nach folgenden Regeln gespielt:
    - Jeder Spieler muss permanent seinen Handball prellen.
    - Der Handball darf auch nicht aufgenommen werden, wenn der Fußball gekickt wird.
    - Ein Spieler, der seinen Ball beim Prellen/Kicken verliert, darf erst wieder in das Spielgeschehen eingreifen, wenn er wieder seinen Handball prellt.
    - Es wird ohne Torwart gespielt; der dem Tor am nächsten stehende Spieler kann diese Aufgabe übernehmen.

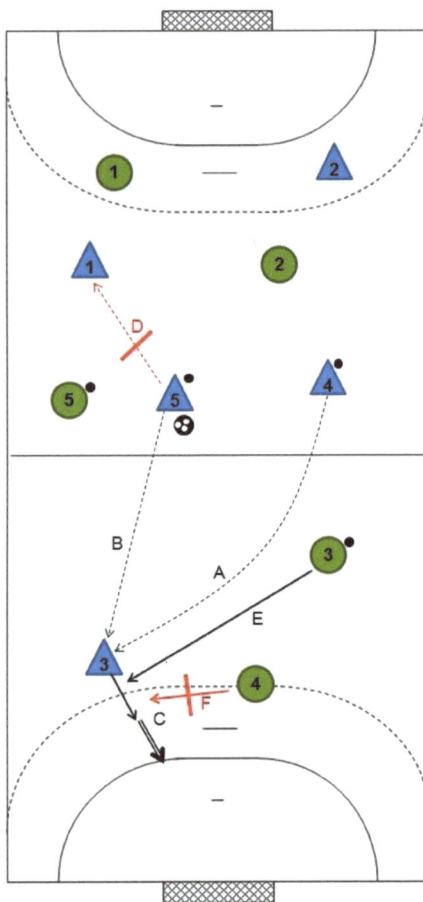

Variation:
- Jede Mannschaft hat zwei Handbälle.
- Es dürfen nur die Spieler in das Spielgeschehen eingreifen, die dabei auch einen Handball in der Hand haben (der Ball muss dabei nicht geprellt werden):
    - Im Beispiel bekommt 3 den Handball von 4 gepasst (A) und darf jetzt von 5 mit dem Fußball angespielt werden (B) und ein Tor erzielen (C).
    - Der Fußball darf z. B. von 5 nicht zu 1 gepasst werden (D).
    - 3 darf im Beispiel versuchen, die Angriffsaktion von 3 zu unterbinden, 4 darf es nicht, da er noch keinen Ball hat.

Komplexe Spielformen für das Abschlussspiel

Nr. 56	Wettkampf mit Abwehr-/Angriffsaktionen	9	★★
Benötigt:	2 kleine Turnkisten, 4 Hütchen, Ballkiste mit ausreichend Bällen		

Grundaufbau

- Je zwei Spieler (1, 2 und 1, 2) setzen sich Rücken an Rücken auf eine kleine Turnkiste. Die beiden Spieler, die auf derselben Turnkiste sitzen, sind im weiteren Verlauf ein Team.
- Ein Ball wird in die Mitte zwischen den beiden Hütchen gelegt.

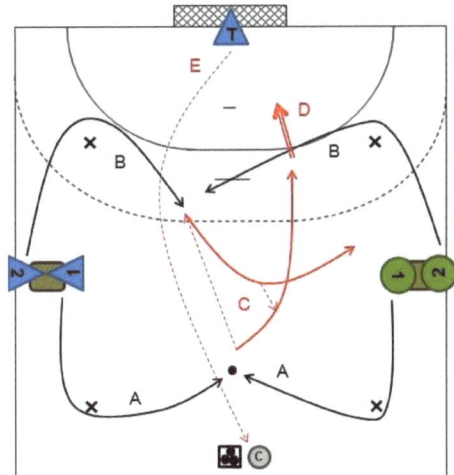

Ablauf:

- Alle vier Spieler starten auf Kommando gleichzeitig (damit keine große Pause entsteht, setzen sich die nächsten vier Spieler danach bereits hin).
- 1 und 1 umlaufen ihr Hütchen und versuchen jeweils, zuerst den Ball zu erreichen (A).
- 2 und 2 umlaufen das hintere Hütchen und greifen danach ins Spiel ein (B).
- Die Mannschaft, welche den Ball erlaufen hat, spielt nun 2gegen2 gegen die beiden anderen Spieler (C) und versucht, ein Tor zu erzielen (D).
- Gelingt es den beiden Abwehrspielern (hier im Beispiel 1 und 2), den Ball herauszuspielen, dürfen sie sofort ihrerseits versuchen (auf das gleiche Tor) ein Tor zu erzielen. Sind sie dabei erfolgreich, müssen die beiden anderen 10 Liegestützen machen.
- Nach dem Wurf holt der Torhüter sofort den Ball und wirft ihn zum Trainer/2. Torhüter, der ihn dann wieder auf den Punkt legt (E).
- Usw.

⚠ Die Spieler können (sollen) sich vorher absprechen, wer um den Ball kämpft.

⚠ Sofortiges Umschalten, wenn die Abwehrspieler den Ball erkämpft haben.

Nr. 57	3gegen3 mit Läufer	14	★★
Benötigt:	1 Ball		

Ablauf:

- Jede Mannschaft teilt sich in zwei Teams mit je drei Spielern. **1**, **2**, **3** und **4**, **5**, **6** spielen gemeinsam sowie **1**, **2**, **3** und **4**, **5**, **6**.
- Allerdings darf immer ein Spieler (hier im Beispiel: **6** und **6**) als Läufer die Mittellinie überqueren (sodass jeweils 4gegen4 gespielt wird).
- Fällt ein Tor, erfolgt der Anwurf direkt vom Torhüter und nicht wie üblich von der Mittellinie. Dadurch wird eine deutliche Geschwindigkeitszunahme erzielt.
- Um erneut 4gegen4 in der anderen Spielhälfte zu spielen, wechseln nun jeweils wieder zwei Spieler jeder Mannschaft die Spielfeldhälfte.
- Nach ein paar Minuten die Spielfelder tauschen.

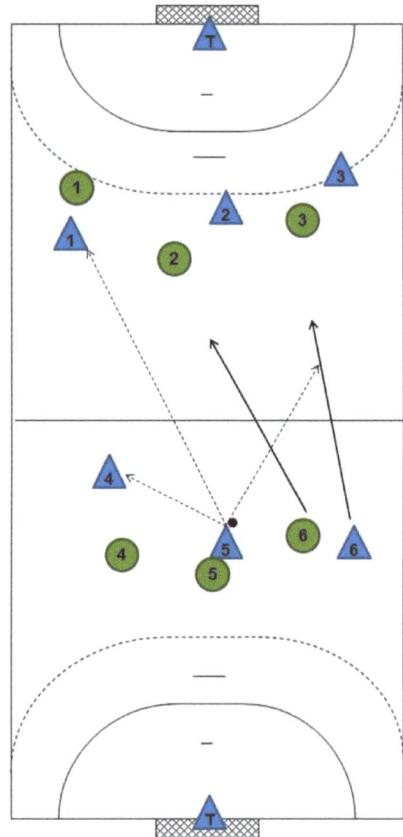

Ziel:
Die Mannschaften sollen schnell und selbstständig erkennen, welche zwei Spieler optimal für das Überqueren der Mittellinie stehen. Dies variiert von Spielsituation zu Spielsituation. Tritt ein 5. Spieler der angreifenden Mannschaft zusätzlich über die Mittellinie, bekommt die andere Mannschaft den Ball.

Variationen:
- Ohne Prellen.
- Die Anzahl der Pässe je Spielfeldhälfte begrenzen.

⚠ Die Mannschaften sollen vorher keine festen Läufer ausmachen, sondern in der Situation schnell entscheiden, wer sich zum Ausgleichen am besten eignet.

⚠ Die Mannschaft muss kommunizieren bzw. blitzschnell entscheiden, wer die Mittellinie überquert.

Nr. 58	Wettkampf mit Abwehr-/Angriffsaktionen 2	12	★★
Benötigt:	2 Langbänke, 1 Ball		

Grundaufbau:
- Alle Spieler sitzen auf zwei Bänken auf Höhe der Mittellinie.
- Ein Ball liegt auf der Mittellinie.
- Die Spieler laufen nach Ansage. Es laufen immer die Spieler vor und nach der gerufenen Nummer z. B.:
  - o Der Trainer ruft laut „2", dann müssen 1, 3 und 1, 3 die Aktion ausführen.
  - o Der Trainer ruft laut „5", dann müssen 1, 4 und 1, 4 die Aktion ausführen.

Ablauf:
- Auf Ansage des Trainers starten die vier Spieler und laufen zur Grundlinie (vorher definieren, welche Mannschaft zu welcher Grundlinie läuft) (A).
- Danach drehen sie um und versuchen, den an der Mittellinie liegenden Ball zuerst zu erlaufen (B).
- Die Mannschaft, die den Ball gewinnt, startet sofort eine Aktion und versucht, ein Tor zu erzielen (C und D).
- Die andere Mannschaft wird sofort zur Abwehr und verteidigt gegen die beiden Angreifer (E). Gelingt es ihnen, den Ball zu erkämpfen, wechseln die Rollen und sie starten ihrerseits eine Angriffsaktion auf das andere Tor.
- Danach setzen sich alle Spieler wieder auf die Bank und der Trainer sagt die nächste Zahl an.

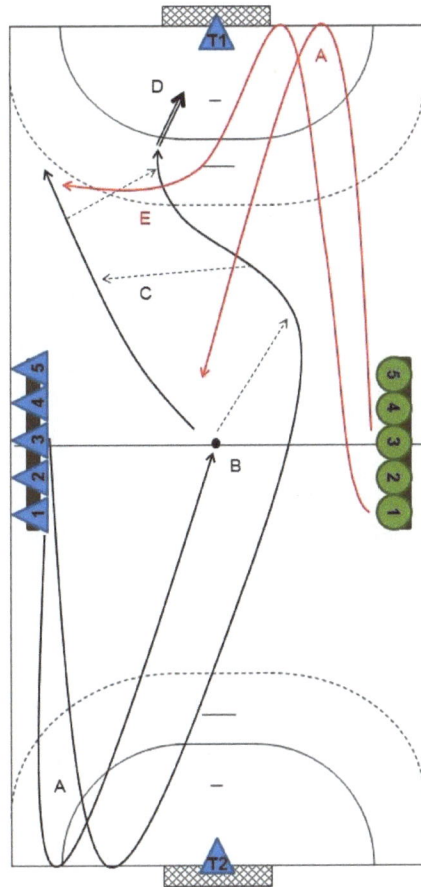

Variation:
- 3gegen3, z. B. bei der Ansage „2" starten 1, 2 und 3.

Gesamtablauf:
- Spielzeit vereinbaren und die erzielten Tore zählen. Die Verlierermannschaft macht Sit-ups.

Nr. 59	Auffüll-Handball	11	★★
Benötigt:	1 Ball		

Ablauf 1:

- Es werden zwei Mannschaften gebildet.
- Die erste Mannschaft startet im Angriff und spielt zunächst einen Angriff gegen 2 Abwehrspieler (A, B und C).
- Wird ein Tor erzielt, kommt für den nächsten Angriff ein weiterer Abwehrspieler hinzu (D).
- Wird kein Tor erzielt, wird auch der nächste Angriff mit der gleichen Anzahl Abwehrspieler gespielt.
- Geht der Ball durch einen technischen Fehler verloren oder wird er durch die Abwehr heraus gefangen, verlässt ein Abwehrspieler das Spielfeld.
- Die Angreifer versuchen, so schnell wie möglich ein Tor in Gleichzahl zu erzielen. Die Zeit wird gestoppt, dann ist Aufgabenwechsel.
- Welche Mannschaft schafft es schneller, in Gleichzahl zum Erfolg zu kommen?
- Schafft es eine Mannschaft nicht, innerhalb von 5 Minuten die Aufgabe zu lösen, ist Aufgabenwechsel und es wird notiert, wie viele Abwehrspieler zum Zeitpunkt des Abbruchs auf dem Feld waren.

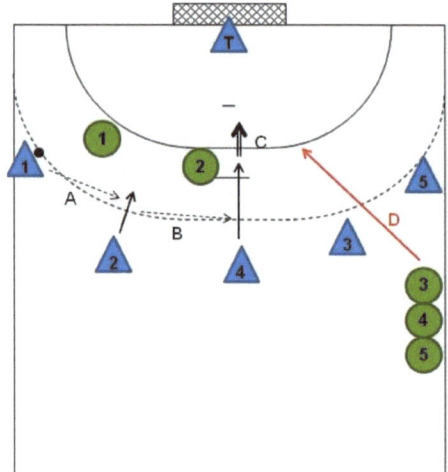

Variationen:

- Anstatt die Zeit zu stoppen, kann auch die Anzahl der Angriffe gezählt werden, die zur Erfüllung der Aufgabe benötigt werden.

⚠ Die Mannschaft ist selbst für das Holen des Balles verantwortlich – die Zeit läuft weiter.

handball-uebungen.de
Trainingseinheiten und Übungen für Ihr Training!

Nr. 60	Beach-Handball-Variante	12	★★
Benötigt:	1 Ball		

Aufbau:

- Zwei Spieler jeder Mannschaft (2 , 3 , 2 und 4) plus je ein Torhüter befinden sich auf dem Feld.
- Alle anderen Spieler befinden sich neben der Seitenauslinie neben dem Spielfeld.

Ablauf:

- 2 und 3 spielen im 2gegen2 gegen 2 und 4 .
- Verlässt ein Spieler das Feld (A), kann an einer anderen Stelle ein Spieler wieder das Spielfeld betreten (B) und direkt in das Spielgeschehen eingreifen und angespielt werden (C).
- Die Abwehrspieler können ebenfalls taktisch das Spielfeld verlassen (D) und an anderer Stelle wieder ergänzen (E), um den Angriff zu verhindern.
- Nach einem Torerfolg wird direkt mit dem Pass des Torhüters weitergespielt. Es gibt kein Anspiel
an der Mittellinie.

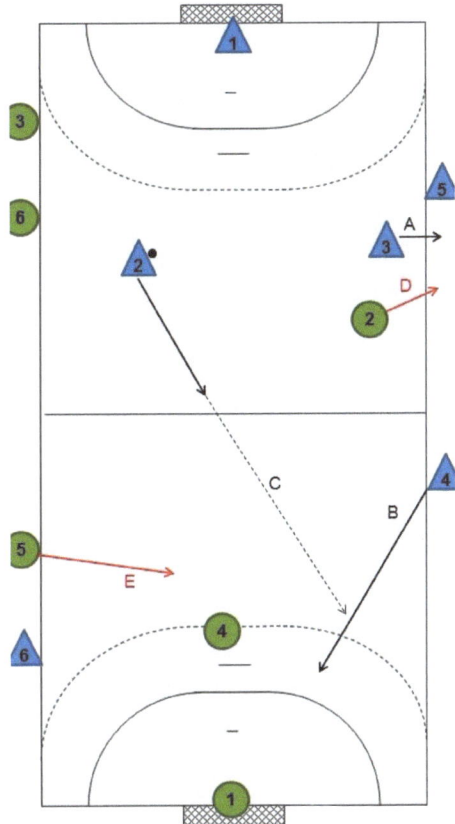

Regeln für das Betreten des Spielfeldes:

- Betritt ein dritter Angreifer das Spielfeld, wechselt sofort der Ballbesitz.
- Betritt ein dritter Abwehrspieler das Spielfeld, bekommt die angreifende Mannschaft einen 7-Meter zugesprochen.

⚠ Den Spielern vor Beginn des Spiels ein paar Minuten Zeit geben, damit sie die Taktik des „Ein- und Auswechselns" besprechen können.

Anmerkung des Autors

1995 überredete mich ein Freund, mit ihm zusammen das Handballtraining einer männlichen D-Jugend zu übernehmen.

Dies war der Beginn meiner Trainertätigkeit. Daraufhin fand ich Gefallen an den Aufgaben eines Trainers und stellte stets hohe Anforderungen an die Art meiner Übungen. Bald reichte mir das Standardrepertoire nicht mehr aus und ich

begann, Übungen zu modifizieren und mir eigene Übungen zu überlegen.

Heute trainiere ich mehrere Jugend- und Aktivmannschaften in einem breit gefächerten Leistungsspektrum und richte meine Trainingseinheiten gezielt auf die jeweilige Mannschaft aus.

Seit einigen Jahren vertreibe ich die Übungen über meinen Onlineshop handball-uebungen.de. Da die Tendenz im Handballtraining, vor allem im Jugendbereich, immer mehr in Richtung einer allgemeinen sportlichen Ausbildung mit koordinativen Schwerpunkten geht, eignen sich viele Spiele und Spielformen auch für andere Sportarten.

Lassen Sie sich inspirieren von den verschiedenen Spielideen und bringen Sie auch Ihre eigene Kreativität und Erfahrung ein!

Eckpunkte meiner Trainerlaufbahn
- seit Juli 2012: Inhaber der DHB A-Lizenz
- seit November 2011: Buchautor (handall-uebungen.de, Handball Praxis und Handball Praxis Spezial)
- 2008-2010: Jugendkoordinator und Jugendtrainer bei der SG Leutershausen
- seit 2006: Inhaber der Trainer-B-Lizenz

Ihr
Jörg Madinger

Weitere Fachbücher des Verlags DV Concept

Von A wie Aufwärmen bis Z wie Zielspiel – 75 Übungsformen für jedes Handballtraining

Ein abwechslungsreiches Training erhöht die Motivation und bietet immer wieder neue Anreize, bekannte Bewegungsabläufe zu verbessern und zu präzisieren. In diesem Buch finden Sie Übungen zu allen Bereichen des Handballtrainings – vom Aufwärmen über Torhüter einwerfen bis hin zu gängigen Inhalten des Hauptteils und Spielen zum Abschluss, die Sie in ihrem täglichen Training mit Ihrer Handballmannschaft inspirieren sollen. Alle Übungen sind bebildert und in der Ausführung leicht verständlich beschrieben. Spezielle Hinweise erläutern, worauf Sie achten müssen.

Insgesamt gliedert sich das Buch in die folgenden Themenschwerpunkte:

Erwärmung:
- Grunderwärmung
- Kleine Spiele zur Erwärmung
- Sprintwettkämpfe
- Koordination
- Ballgewöhnung
- Torhüter einwerfen

Grundübungen, Grund- und Zielspiele:
- Angriff/Wurfserien
- Angriff allgemein
- Schnelle Mitte
- 1. und 2. Welle
- Abwehraktionen
- Abschlussspiele
- Ausdauer

Am Ende finden Sie dann noch eine komplette methodisch ausgearbeitete Trainingseinheit. Ziel der Trainingseinheit ist das Verbessern des Wurfs und der Wurfentscheidung unter Druck.

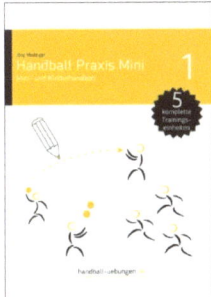

Mini- und Kinderhandball (5 Trainingseinheiten)

Mini- bzw. Kinderhandball unterscheidet sich grundlegend vom Training höherer Altersklassen und erst recht vom Handball in Leistungsbereichen. Bei diesem ersten Kontakt mit der Sportart „Handball" sollen die Kinder an den Umgang mit dem Ball herangeführt werden. Es soll der Spaß an der Bewegung, am Sporttreiben, am Spiel miteinander und auch am Wettkampf gegeneinander vermittelt werden.

Das vorliegende Buch führt zunächst kurz in das Thema und die Besonderheiten des Mini- und Kinderhandballs ein und zeigt dabei an einigen Beispielübungen Möglichkeiten auf, das Training interessant und abwechslungsreich zu gestalten.

Im Anschluss folgen fünf komplette Trainingseinheiten in verschiedenen Schwierigkeitsgraden mit Hauptaugenmerk auf den Grundtechniken im Handball (Prellen, Passen, Fangen, Werfen und Abwehren im Spiel gegeneinander). Hier wird spielerisch in die späteren handballspezifischen Grundlagen eingeführt, wobei auch die generelle Bewegungserfahrung und die Ausprägung von koordinativen Fähigkeiten besondere Beachtung findet.

Die Übungen sind leicht verständlich durch Text und Übungsbild erklärt und können in jedes Training direkt integriert werden. Durch verschiedene Variationen können die Trainingseinheiten im Schwierigkeitsgrad an die jeweilige Trainingsgruppe angepasst werden. Sie sollen auch Ideen bieten, die Übungen zu modifizieren und weiterzuentwickeln, um das Training immer wieder neu und abwechslungsreich zu gestalten.

Passen und Fangen in der Bewegung – 60 Übungsformen für jedes Handballtraining

Passen und Fangen sind zwei Grundtechniken im Handball, die im Training permanent trainiert und verbessert werden müssen. Die vorliegenden 60 praktischen Übungen bieten viele Varianten, um das Passen und Fangen anspruchsvoll und abwechslungsreich zu trainieren. Ein besonderer Fokus liegt dabei darauf, die Sicherheit beim Passen und Fangen auch in der Bewegung mit hoher Dynamik zu verbessern. Deshalb werden die Übungen mit immer neuen Laufwegen und spielnahen Bewegungen gekoppelt.

Die Übungen sind leicht verständlich durch Text und Übungsbild erklärt und können in jedes Training direkt integriert werden. Durch verschiedene Schwierigkeitsgrade und Komplexitätsstufen kann für jede Altersstufe das Passen und Fangen passend gestaltet werden.

Effektives Einwerfen der Torhüter – 60 Übungsformen für jedes Handballtraining

Das Einwerfen der Torhüter ist in nahezu jedem Training notwendiger Bestandteil. Die vorliegenden 60 Übungen zum Einwerfen bieten hier verschiedene Ideen, um das Einwerfen sowohl für die Torhüter als auch für die Feldspieler anspruchsvoll und abwechslungsreich zu gestalten. Ein besonderer Fokus liegt dabei darauf, schon beim Einwerfen die Dynamik der Spieler zu verbessern.

Die Übungen sind leicht verständlich durch Text und Übungsbild erklärt und können in jedes Training direkt integriert werden. Ob gekoppelt mit koordinativen Zusatzübungen oder vorbereitend für Inhalte des Hauptteils, kann für jedes Training und durch verschiedene Schwierigkeitsstufen für jede Altersstufe das Einwerfen passend gestaltet werden.

Taschenbücher aus der Reihe Handball Praxis

Handball Praxis 1 – Handballspezifische Ausdauer (5 Trainingseinheiten)

Handball Praxis 2 – Grundbewegungen in der Abwehr (5 Trainingseinheiten)

Handball Praxis 3 – Erarbeiten von Auslösehandlungen und Weiterspielmöglichkeiten
(5 Trainingseinheiten)

Handball Praxis 4 – Intensives Abwehrtraining im Handball (5 Trainingseinheiten)

Handball Praxis 5 —Abwehrsysteme erfolgreich überwinden (5 Trainingseinheiten)

Handball Praxis 6 – Grundlagentraining für E- und D-Jugendliche (5 Trainingseinheiten)

Handball Praxis 7 – Handballspezifisches Ausdauertraining im Stadion und in der Halle
(5 Trainingseinheiten)

Handball Praxis 8 – Spielfähigkeit durch Training der Handlungsschnelligkeit
(5 Trainingseinheiten)

Handball Praxis Spezial 1 – Schritt für Schritt zur 3-2-1-Abwehr (6 Trainingseinheiten)

Handball Praxis Spezial 2 – Schritt für Schritt zum erfolgreichen Angriffskonzept gegen eine
6-0-Abwehr (6 Trainingseinheiten)

Weitere Handball-Fachbücher und E-Books finden Sie unter
www.handball-uebungen.de